中国银行业

营业网点文明规范服务标准评价体系

（CBSS1000 3.0 版本）

姜 明　陈舒婷　李 杨 / 主编

中国海洋大学出版社

·青岛·

谨以此书献给工作在金融业第一线的

中国银行人

引言

FORWARD

您一定有这样的体验：开车路过高速公路收费亭时，收费员向您致意并问好；在餐厅排队等位时，店家为您奉上热茶和水果；等等。在过去的二十年间，中国的所有行业都经历着巨变，除了技术的革新，给人们带来最大冲击的就是各行业客户体验和服务意识的提升。

银行业属于现代服务行业，服务国家战略、服务实体经济、服务客户是银行的天职。能否为实体经济发展提供有效支持、能否为客户提供更好的银行服务，是衡量银行改革成果的最重要的标准。

为了打造中国银行业文明规范服务品牌，中国银行业协会自2006年起，在全国银行业范围内组织开展了中国银行业文明规范服务示范单位评选活动，至今已走过十余年。在这个过程中，所有的银行人亲历了银行业的巨大变革。例如，业务拓展从“渠道为王”转向“服务为王”和“体验为王”；经营渠道从单纯柜台交易转向线上线下交叉网络；技术手段从最初的网上银行转向更加先进的FINTECH（金融科技）。而所有的这些变革都给银行网点和数十万银行人带来了新的视野和挑战。本书的编辑小组人员与广大银行人一起经历着发展的过程，并希望与大家一起分享过往的经验和知识。

为了进一步完善银行业文明规范服务评价体系，中国银行业协会于2017年6月发布了中国银行业营业网点文明规范服务标准评价体系（CBSS1000 3.0），该评价体系在CBSS1000 2.0版本的基础上，融入了更多客户体验、消费者权益保护等与时俱进的先进理念，突出了“以人为本”的评价体系设计思路。

本书将全面解析中国银行业营业网点文明规范服务标准评价体系3.0版本与之前使用的2.0版本的区别，并将评价体系中所涉及的200条考核指标一一解读，从检查方式、指标体系变化、重点关注等方面对每个考核指标进行解读，并附有相应的案例分享和图片参考。

本书所陈述的考核要点、重点关注和参考案例等，皆来自于编辑小组多年以来从事银行一线相关工作的思索、实践和实战经验。本书可作为各银行网点开展示范单位创建的参考资料，有助于营业网点提高硬件标准化水平，同时也可进一步规范员工服务行为，提升网点服务水平。本书开设有配套微信公众号，其中包括金融消费者权益保护、银行大堂经理岗位资格及工作压力缓解等方面的自测题库，读者可根据自身及网点的需求，配合本书的解读内容，提升网点的软硬实力。

最后，特别感谢参与和协助本书编写的各位银行业同仁，感谢大家为本书的编撰和出版所给予的帮助和贡献。

编辑小组
2018年10月

目录

CONTENTS

第五模块：柜面服务与效率 /111

第六模块：员工管理 /151

第七模块：服务基础管理 /173

第八模块：经营业绩 /193

第九模块：消费者权益保护与社会责任履行 /197

第十模块：服务文化 /225

第一模块

环境管理

DI YI MO KUAI

中国银行业营业网点文明规范服务标准评价体系 CBSS1000 3.0 版本（以下简称“3.0 版”）与 CBSS1000 2.0 版本（以下简称“2.0 版”）对比总图

2.0 版本考核内容	分值	3.0 版本考核内容	分值	对比
第一模块：环境管理	90	第一模块：环境管理	65	分值由 2.0 版本的 90 分调整为 65 分
项目：1.1 室外环境维护	15	项目：1.1 室外环境维护	10	分值由 2.0 版本的 15 分调整为 10 分
项目：1.2 室内环境维护	20	项目：1.2 室内环境维护	10	分值由 2.0 版本的 20 分调整为 10 分
项目：1.3 便民服务	20	项目：1.3 便民服务	20	分值不变
项目：1.4 营业环境设置	35	项目：1.4 营业环境设置	25	分值由 2.0 版本的 35 分调整为 25 分

核心要点解读

环境管理模块的总分值由 2.0 版本的 90 分，调整为 3.0 版本的 65 分，总体分值减少了 25 分，呈现出较大幅度的调整。

3.0 版本在本模块的核心调整思想是不过分强调硬件建设的视觉冲击感，不提倡硬件投入上的相互攀比，而是更注重网点软服务能力和客户体验方面的提升。要求营业网点环境干净整洁、布局合理，环境布局和设备设施均有利于提升客户体验感。

同时，营业网点尽量立足当地，体现区域特色，避免单纯从硬件投入上进行横向比较，不要过分追求网点装潢效果的“高大上”。可以从区域、业务、历史等各方面发掘自身的优势和特点，打造一个“有故事”的网点环境。

1.1 // 室外环境维护

3.0 版与 2.0 版对比明细

序号	2.0 版考核内容	分值	序号	3.0 版考核内容	分值	对比
项目：1.1 室外环境维护		15	项目：1.1 室外环境维护		10	分值由 2.0 版本的 15 分调整为 10 分
1	营业厅外部设置醒目的门楣标牌，形象标识制作规范统一，保持清洁、无污渍、无破损	2	1	网点外部设置醒目的门楣标牌、机构名称牌、营业时间牌（区分工作日和节假日、对公与对私业务）和外币兑换标识，制作规范统一，中英文对照，保持清洁，无污渍、破损	3	将 2.0 版本第 1、2 条合并为 1 条，增加对于门楣标牌中英文对照这一要求，分值由原来 2 条共 5 分调整为 3 分
2	营业厅外部设置醒目的机构名称牌、营业时间牌、外币兑换标识，制作规范统一，保持清洁，无污渍、无破损，中英文对照；其中营业时间牌区分工作日和节假日、对公业务和对私业务	3				
3	对外设置电子宣传屏或宣传橱窗，营业时间正常显示且播放时间、形式、内容符合法律法规及监管规定，无过期宣传内容	2	2	网点对外宣传媒介营业时间正常工作，展示时间、形式、内容符合法律法规及监管规定，无过期宣传内容	2	将 2.0 版本中“电子宣传屏和宣传橱窗”概括并扩大为“宣传媒介”
4	营业厅外部管辖区域内环境整洁，无安全隐患、无卫生死角、无杂物摆放，网点外墙、门窗、台阶、地面无损毁，无乱喷涂，无乱张贴，无污渍	3	3	网点外部管辖区域环境整洁，无安全隐患、卫生死角、杂物摆放，网点外墙、门窗、台阶、地面无损毁、乱喷涂、乱张贴、污渍	2	分值由 2.0 版的 3 分调整为 2 分
5	为客户提供机动车停车位，结合当地实际情况设置非机动车专用停车区域或无障碍停车位；标识醒目，门前车辆停放有序	2	4	提供客户机动车停车位，据实设置非机动车停车区或无障碍停车位；网点外设置无障碍通道等相当功能服务设施，公示求助电话或设置呼叫按钮，标识醒目，确保响应及时，无障碍通道坡度小于30度，无安全隐患，通行顺畅，便于使用	3	将 2.0 版本第 5、6 条合并为 1 条，分值由原来 2 条共 5 分调整为 3 分 删除了对机动车位“标志醒目、门口车辆停放有序”的要求

001 网点外部设置醒目的门楣标牌、机构名称牌、营业时间牌（区分工作日和节假日、对公与对私业务）和外币兑换标识，制作规范统一，中英文对照，保持清洁，无污渍、破损。（3分）

检查方式：现场观察。

指标变化：将2.0版的第1、2条合并为1条，增加对于门楣标牌中英文对照这一要求。分值由原2条共5分调整为3分。

重点关注：

- 实际评测中，检查人员会尊重各银行自身的AI、VI设计体系。
- 注意张贴小广告的不良行为：如果中招，注意及时清除。
- 标牌须中英文对照，亦可使用缩写字母。请注意，有个别位于少数民族集中地区的老营业网点，应以汉语和当地语言作为主要对照语言，请注意添加英文标识。
- 外币兑换标识请按照国家规定的标识图案和颜色呈现。
- 由于我国幅员广阔，各个地区的经济发展和地域特色不尽相同，尤其在某些特殊的自然环境和城市区域中，硬件设施的标准化有时很难做到绝对统一，可酌情适当放宽评价基准。例如，东北地区冬天雪后需用融雪剂，会造成外部环境的硬性损伤；一线城市中心区域寸土寸金，网点内外的可用面积捉襟见肘，给网点形象展示和外部区域管理带来不便，等等。

图片参考：

002 网点对外宣传媒介营业时间正常工作，展示时间、形式、内容符合法律法规及监管规定，无过期宣传内容。（2 分）

检查方式：现场观察。

指标变化：将 2.0 版中“电子宣传屏和宣传橱窗”概括并扩大为“宣传媒介”。

重点关注：

- 宣传橱窗：注意由于日晒、遮挡等原因导致的橱窗海报变色、颜色不统一等问题；不建议放置有推广时效的宣传海报，易过期。
- 电子屏显：电子屏显为易损产品，特别是针点式电子屏显，如遇破损不易被及时发现，需注意加强定期检查。请注意，2.0 版中的“电子宣传屏”主要是指 LED“跑马灯”。近年来，各地政府对于户外广告的管理逐渐趋严，纷纷出台了《户外广告和招牌设置管理办法》，城管等监管机构也对户外广告的光污染问题加大了审查力度，因此 3.0 版将考核指标进行了相应的修改，不再强调户外电子宣传屏的设置，各行可根据当地实际情况，按照监管部门的要求进行相应配置。
- 宣传内容：注意内容和时间不要过期，一定要发布与银行业务和产品相关的信息（包含消保活动、网点特色活动等内容）。
- 网点对外宣传媒介可以根据本行业务、产品和金融服务特色，呈现相关专题及特色内容。

图片参考：

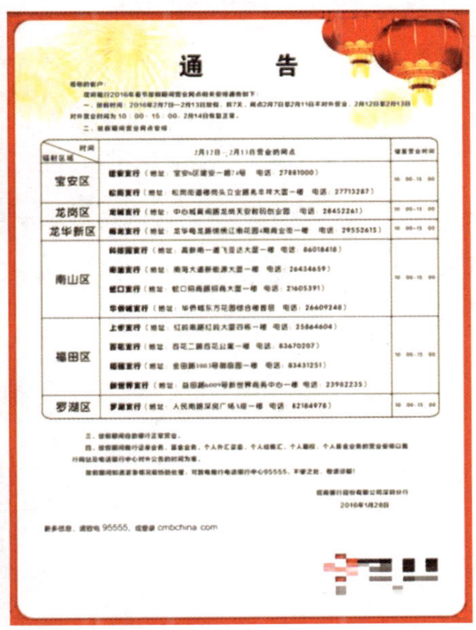

003 网点外部管辖区域环境整洁，无安全隐患、卫生死角、杂物摆放，网点外墙、门窗、台阶、地面无损毁、乱喷涂、乱张贴、污渍。（2分）

检查方式：现场观察。

指标变化：将“营业厅”调整为“网点”，文字微调，分值由2.0版的3分调整为2分。

重点关注：

- 加强网点外部区域巡逻，做好与物业和其他租户的协商：租赁性质的营业网点存在与其他租户共用外部空间的情况。即使营业网点自身环境工作非常到位，由于其他租户的不良行为也会导致“冤枉扣分”。

图片参考：

004 提供客户机动车停车位，据实设置非机动车停车区或无障碍停车位；网点外设置无障碍通道等相当功能服务设施，公示求助电话或设置呼叫按钮，标识醒目，确保响应及时；无障碍通道坡度小于30度，无安全隐患，通行顺畅，便于使用。（3分）

检查方式：现场观察、现场测试。

指标变化：将2.0版的第5、6条合并为1条，分值由2.0版2条共5分调整为3分。删除了对机动车位“标志醒目、门口车辆停放有序”的要求。

重点关注：

- 确保网点24小时自助区域与网点无障碍通道间行进路线的畅通：目前，网点的无障碍通道通常设置在网点大门附近，在营业时间内可保证无障碍通道使用顺畅。但是当网点营业结束后，如果网点门前过道宽幅不够的话，残障车无法顺利从无障碍通道移动至 24 小时自助银行区域，从而造成了营业结束后无障碍通道实际使用功能的缺失。

· 无障碍通道：公示求助电话和呼叫按钮可任选一项，但请务必保证有人接听。无障碍通道的建设指标符合国家住建部 2012 年发布的《无障碍设计规范》GB50763–2012 标准。如果网点不具备设置无障碍通道的条件，可设置升降平台为替代设施。网点日常管理中，请保证无障碍通道不被遮挡阻碍，从无障碍通道入口处至营业大厅全程标识完整、通道顺畅，有工作人员指引。

· 确保本考核点不失分的关键人物是网点保安人员。保安人员应配合网点厅堂管理人员做好整个网点外部区域的巡查和管理工作，主要负责网点机动车及非机动车停车位的有序指挥和管理。首先，保安人员需清晰了解网点外部和周边停车位的整体情况；其次，当客户或其他人员、车辆（如快递员、押钞车等）到来时，做好人员的沟通和车辆的停放管理工作。一个优秀的保安可以实现整个网点外部区域的“宁静祥和”。

图片参考：

1.2 // 室内环境维护

3.0 版与 2.0 版对比明细

<table>
<tr><th>序号</th><th>2.0 版考核内容</th><th>分值</th><th>序号</th><th>3.0 版考核内容</th><th>分值</th><th>对比</th></tr>
<tr><td colspan="2">项目：1.2 室内环境维护</td><td>20</td><td colspan="2">项目：1.2 室内环境维护</td><td>10</td><td>分值由 2.0 版本的 20 分调整为 10 分</td></tr>
<tr><td>7</td><td>营业厅内环境干净整洁，客户视线范围内无乱张贴现象，无杂物摆放，无灰尘、污渍、损毁</td><td>5</td><td rowspan="3">5</td><td rowspan="3">网点内环境干净整洁，无灰尘、污渍、杂物摆放、乱张贴、损毁，各类物品定位管理，摆放有序，员工工作台面上无私人物品；设备机具布线隐蔽、整齐，无安全隐患</td><td rowspan="3">3</td><td rowspan="3">将 2.0 版本第 7、11、26 条合并为 1 条，去掉了原来的“客户视线范围内”这一限定。将柜员工作台面上无私人物品，扩展为所有工作人员工作台面上无私人物品，分值由原来 3 条共 12 分调整为 3 分</td></tr>
<tr><td>11</td><td>营业窗口、柜员工作台面机具布线安全、隐蔽、整齐；各类物品定位管理，客户视线范围内无私人物品</td><td>3</td></tr>
<tr><td>26</td><td>营业窗口、柜员工作台面机具布线安全、隐蔽、整齐；各类物品定位管理，客户视线范围内无私人物品</td><td>4</td></tr>
<tr><td>8</td><td>营业厅内各区域温度适宜、空气清新、光线明亮，合理摆放绿色植物、花卉，常绿常新，无刺伤危险</td><td>5</td><td>6</td><td>营业厅内各区域温度适宜、空气清新、光线明亮，合理摆放绿色植物、花卉，常绿常新，无刺伤危险</td><td>2</td><td>标准不变，分值由 2.0 版本的 5 分调整为 2 分</td></tr>
<tr><td>9</td><td>营业时间内各区域呼叫系统及音、视频系统播放音量适中，无嘈杂现象</td><td>2</td><td>7</td><td>营业时间内各区域呼叫系统及音、视频系统播放音量适中，无嘈杂现象</td><td>2</td><td>标准不变</td></tr>
<tr><td>10</td><td>营业厅内外设置必要的免责提示标识或图标，制作统一规范，在恰当位置醒目提示，且具人性化</td><td>5</td><td>8</td><td>网点内外设置必要的免责提示标识或图标，制作统一规范，在恰当位置醒目温馨提示</td><td>3</td><td>将“具人性化”表述调整为“温馨提示”，分值由 2.0 版本的 5 分调整为 3 分</td></tr>
</table>

005 网点内环境干净整洁，无灰尘、污渍、杂物摆放、乱张贴、损毁，各类物品定位管理，摆放有序，员工工作台面上无私人物品；设备机具布线隐蔽、整齐，无安全隐患。（3分）

检查方式：现场观察、联系制度按标准逐一检查评分。

指标变化：将2.0版本第7、11、26条合并为1条，去掉了原来的“客户视线范围内”这一限定。将柜员工作台面上无私人物品，扩展为所有工作人员工作台面上无私人物品，分值由原来3条共12分调整为3分。

重点关注：

- 定位管理：针对不易挪动的网点公共设施、设备（如消防栓、垃圾桶等）的周围贴上定位条。贴上定位条之后，对应物品的摆放必须规范，如果发生移动请网点工作人员及时复位。相反，对于座椅、桌面物品等易动、易用物品不建议做定位处理。
- 网点内员工工作台面上无私人物品：请注意此条的检查范围从过去的高低柜柜员、客户经理等扩大到了网点所有工作人员，即包括对公业务、中后台部门等其他岗位。
- 机具布线及安全：避免出现电线和插线板成堆放置、乱扯的现象，可用花卉、地毯、理线槽进行整理和美化。插线板放置时尽量选择隐蔽的位置，不要随意平放在地上，亦可将插线板固定在墙面或者固体物上。插槽处请设置“当心触电”标识，未用的插槽请用安全插头封堵。

图片参考：

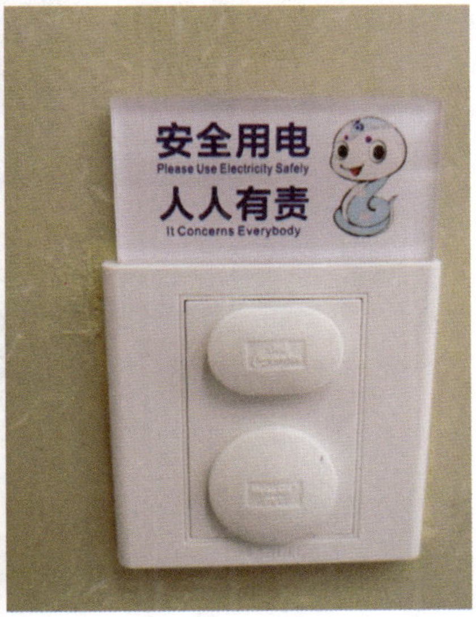

006 营业厅内各区域温度适宜、空气清新、光线明亮，合理摆放绿色植物、花卉，常绿常新，无刺伤危险。（2 分）

检查方式：现场观察。

指标变化：标准不变，分值由 2.0 版本的 5 分调整为 2 分。

重点关注：

- 室内温度：从环保角度出发，室内空调温度调整应适当，温度以控制在 26℃左右为宜，不要过热或者过冷，并可在空调开关处张贴温馨提示。
- 室内灯光：请注意定期检查网点内灯源工作是否正常，避免出现个别灯源破损，尤其是网点厅堂顶部的灯源是容易被忽略的地方。
- 绿植的选择和摆放：避免摆放有刺伤危险的植物（如仙人掌、尖叶绿植等），尽量选择阔叶类植物。绿植高度不宜超过空间高度的三分之二，数量与营业厅环境面积相宜。保洁人员需勤拭绿植叶面，保持叶面清洁。有些体积较大、较重的盆栽绿植，不宜摆放在箱柜顶部、狭窄过道处或者楼梯转角处，以免造成对客户（尤其是儿童）的意外伤害。

图片参考：

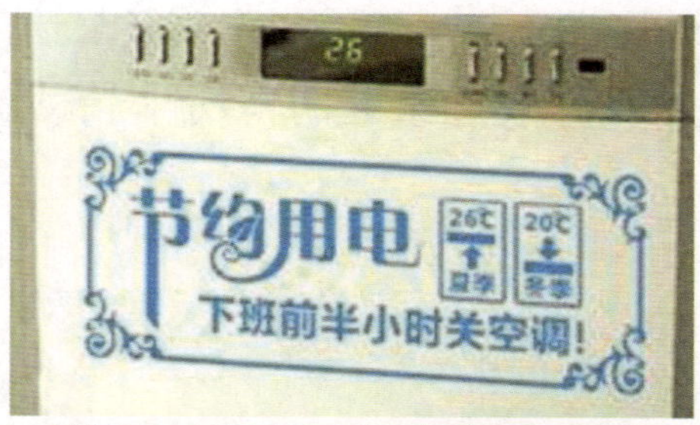

案例分享：

上海市顾村公园以其上万株樱花闻名遐迩，公园附近的某个以社区业务为主的中小型网点别出心裁地以“樱花”为主题元素，作为网点环境布置的亮点进行呈现。在厅堂环境的软装设计中，网点选用了高仿真樱花绿植和樱花墙贴作为效果呈现，既安全环保，又经济美观。该网点巧妙地通过樱花这个“标识”让所有人记住了它。

007 营业时间内各区域呼叫系统及音、视频系统播放音量适中，无嘈杂现象。（2分）

检查方式：现场观察 。

指标变化：标准不变。

重点关注：

- 避免声光电污染：避免将叫号机音量调得过响、避免在营业大厅内安置了过多的显示屏（如外汇显示牌、电子海报屏、两台以上电视显示屏等）。过多过响的声光电设备易使客户在听觉和视觉上感到不适，也会使厅堂显得更为嘈杂。
- 视频播放内容：银行厅堂视频系统应该播放安全风险提示、投资理财、与银行和财经业务相关的内容，尽量避免播放娱乐性节目。
- 大堂经理的适时提醒：大堂经理注意加强对排队客户的观察，必要时口头提醒一下，避免过号情况发生。

图片参考：

008 网点内外设置必要的免责提示标识或图标，制作统一规范，在恰当位置醒目温馨提示。（3分）

检查方式：现场观察。

指标变化：将“具人性化”表述调整为“温馨提示”，分值由 2.0 版本的 5 分调整为 3 分。

重点关注：

- 免责提示：首先，免责提示要合规合理，不能违背常理。其次，在公共场合发生事故时，即使有免责提示并不意味着公共场所管理人就可完全免责，因此在规范免责提示标识的同时，也一定要进行必要的管理。例如，下雨天，网点门口如果铺设了大理石地面就会很滑，应该安排保安现场提醒，并安排保洁人员及时清理。

- 标识制作统一规范：个别开业较久的营业网点多年以来，对于网点内部的标识、图标和提示等陈设物品的设置一直在不断做“加法”，但是每次增加的陈设物品制作版本都不尽相同，导致厅堂内同时存在不同时期、不同颜色、不同字体、不同相框（包括材质和形状）的各类标识、图标和提示。应该保持标识和挂墙相框在材质、字体、颜色、规格等方面的一致性。
- 位置恰当：相关标识、图标和提示的摆放应该从客户的视角进行设置，不能仅仅“为了存在而存在”，而忽视了客户体验。

图片参考：

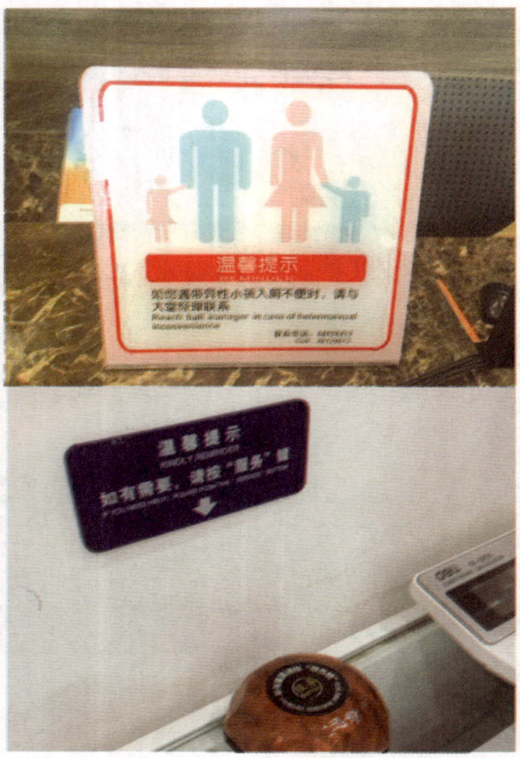

1.3 // 便民服务

3.0 版与 2.0 版对比明细

序号	2.0 版考核内容	分值	序号	3.0 版考核内容	分值	对比
项目：1.3 便民服务		20	项目：1.3 便民服务		20	
14	设置排队叫号机或相当设施，运行正常，实现身份识别	2	9	设置排队叫号机或相当设施，正常运行，实现身份识别	2	标准不变
12	配备数量充足、整齐干净、舒适宜用的客户等候休息椅，进出通道畅通，并明示爱心专席或区域	2	10	配备整齐干净、舒适宜用的客户等候休息椅，数量满足客户需求，进出通道畅通，并明示爱心专席或区域	2	将 2.0 版本中“数量充足”要求修改为“数量满足客户需求”
13	配备供客户使用的点验钞机，正常使用，且摆放在录像监控范围内，点验钞全过程清晰可查	2	11	配备供客户使用的点验钞机，正常使用，摆放位置能够有效保护客户隐私且在录像监控范围内，点验钞全过程、金额显示清晰可查	2	增加要求“有效保护客户隐私”，增加要求“点验钞金额显示清晰可查”
15	配备六种（含）以上常用便民服务设施，放置适当，摆放有序，方便使用，保持整洁，无安全隐患	4	12	配备六种（含）以上常用便民服务设施，放置适当，摆放有序，方便使用，保持整洁，无安全隐患	3	标准不变，分值由 2.0 版本的 4 分调整为 3 分
16	配备便于客户使用的饮水设施、一次性饮水用具，干净卫生，数量充足；加热饮水设施标注“小心烫伤”提示标识	2	13	配备便于客户使用的饮水及设施、用具，干净卫生，数量充足；加热饮水设施标注“小心烫伤”提示标识	3	明确要求不止有设施还必须有饮水，饮水用具不限于一次性用具，分值由 2.0 版本的 2 分调整为 3 分
17	适当位置设置碎纸设备或废弃凭条回收箱（盒、筒），及时清理，方便客户使用，保护客户信息安全	2	14	适当位置设置碎纸设备或废弃凭条回收箱（盒、筒），及时清理，方便客户使用，保护客户信息安全	2	标准不变
18	在营业厅内为客户提供无线上网（WiFi）服务，标识醒目，操作便捷，风险提示及客户私密保护措施到位	2	15	在网点内为客户提供无线上网（WiFi）服务，正常使用，标识醒目，操作流程明晰，风险提示到位	2	增加要求“正常使用”“操作流程明晰”，减少重复要求“客户私密保护措施到位”

（续表）

19	适当位置公示本网点业务联系（消费者权益保护）电话号码；以公告栏公示或客户提示卡等方式，提示周边区域本行或他行其他营业网点的地址和联系电话	2	16	以公告栏公示或客户提示卡等方式，提示周边区域本行或他行其他营业网点的地址和联系电话	2	将“适当位置公示本网点业务联系（消费者权益保护）电话号码”调整至59条
20	向客户提供常办业务简介、风险提示等，内容包括所需证件、办理渠道、流程和范围等必要手续提示	2	17	向客户提供常办业务简介、风险提示等，内容包括所需证件、办理渠道、流程和范围等必要手续提示	2	标准不变

009 设置排队叫号机或相当设施，正常运行，实现身份识别。（2分）

检查方式：现场观察、现场测试 。

指标变化：标准不变。

重点关注：

- 身份识别：确保叫号机可正常使用，银行卡、银行存折及二代身份证均可以刷出相应信息并自动识别客户类型和取号。

图片参考：

010 配备整齐干净、舒适宜用的客户等候休息椅，数量满足客户需求，进出通道畅通，并明示爱心专席或区域。（2分）

检查方式：现场观察、调阅监控。

指标变化：将 2.0 版本中“数量充足”要求修改为“数量满足客户需求”。

重点关注：

- 客户等候区布局排列：首先，提倡等候区的休息椅摆放方向不要直接面对柜台，尽量侧对柜台。并请注意叫号显示屏的位置摆放，以便客户经常关注叫号情况。其次，厅堂面积较小的网点可采用休息椅并行排列摆放；厅堂较大的网点则可采用环状沙发或者错位形式摆放，既呈现了空间上的饱和感，又提升了厅堂的视觉温馨度。
- 休息椅数量：休息椅数量的配备原则上应满足高峰时期客流量需求。
- 爱心专席：爱心专席可以在颜色和形式上区别于普通座席，例如，有的网点会为爱心专席配备坐垫、置物台等。
- 网点座椅的设置不能只图美观而忽略了实用性，尤其要便于老年人和儿童使用。例如，可陷入式的座椅虽然美观且舒适，但是老年人坐下后，再站起就比较困难；儿童活泼好动，极有可能攀爬或者晃动座椅，如果采用不平稳或坐板面积较小的座椅，则易存在安全事故隐患。

图片参考：

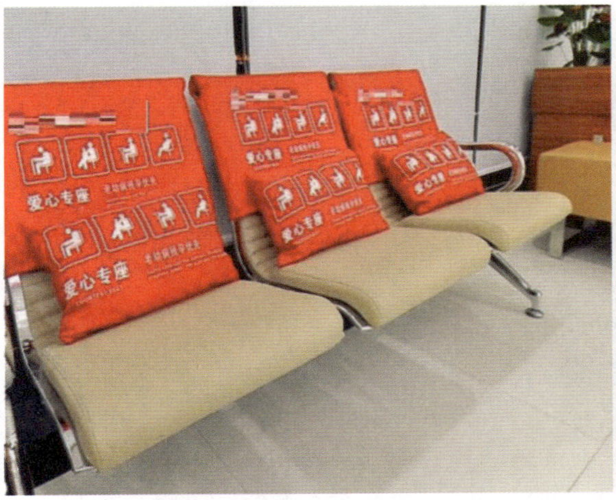

011 配备供客户使用的点验钞机，正常使用，摆放位置能够有效保护客户隐私且在录像监控范围内，点验钞全过程、金额显示清晰可查。（2分）

检查方式：现场观察、调阅监控。

指标变化：增加要求“有效保护客户隐私”和“点钞金额显示清晰可查”。

重点关注：

- 在点验钞机位置设置录像监控的目的：是为监控客户使用点验钞机时的操作手法，而并非拍摄客户的面庞长相。详细记录客户使用点验钞机的全流程是为了在出现点验钞结果缺、少、假问题的时候，有助于厘清责任，避免责任纠葛不清。因此，点验钞位置监控探头的拍摄范围设置请避免“大而全”的取景设置，而是更加专注于手部动作的区域范围。
- 点验钞机摆放位置：首先，点验钞机的摆放位置建议选择厅堂内较为独立的区域，避免摆放在等候人群较为集中的区域，以保护客户隐私。其次，要求点验钞机上方或斜上方有监控摄像头，而且摄像头可以清晰拍摄到客户点验钞的全过程，以及点验钞结果显示屏。取景视野确保没有监控盲区，点验钞的过程和结果不会被客户身体遮挡。
- 点验钞机的使用：有的营业网点会配备较为先进的智能复点机，这种复点机的优势是速度快、处理量大，并且配有两个结果显示屏幕，可全方面实现监控无死角，但是缺点是绝大部分客户不会使用。如果配备此类点验钞机请放置简单清晰的使用说明，大堂经理应该注意客户的需求，并进行使用指导。

图片参考：

012 配备六种（含）以上常用便民服务设施，放置适当，摆放有序，方便使用，保持整洁，无安全隐患。（3 分）

检查方式：现场观察。

指标变化：标准不变，分值由 2.0 版本的 4 分调整为 3 分。

重点关注：

- 便民服务设施的选择：

（1）目前，一般营业网点的便民服务设施和设备都可以满足基础配置要求。如果配备急救药箱的话，其中放置的药品请谨慎选择，原则上不建议放置处方药品。推荐选用非处方药品，比如常规配备创可贴、红花油、凡士林等。夏天可以配备风油精、万金油等时令特色药品。同时，请定期检查上述药品的保质期，确保不放置过期药品。

（2）有条件的网点，可以选择一至两个有特色的便民主题，例如健康类主题（迷你血压计、按摩椅等）或整装类主题（如擦鞋器、一次性雨衣等）。

（3）针对文具用品的选择，首先，严禁放置刀片。其次，请注意避免放置威胁到儿童安全的物品，例如普通剪刀、钢尺、削尖的铅笔等，可在儿童不易触碰到的较高位置放置安全剪刀等文具物品。

- 便民服务设施的摆放位置：首先，建议将便民服务设施统一放置，并制作一个便民服务项目的告示牌，放置在醒目处，以便客户知晓和选择使用。其次，有条件的网点可以将开放式的便民设施柜进行部分遮挡（或做成带门的柜子），将轮椅、儿童车等折叠后放入柜中，这样做不仅保持物品干净整洁，也能呈现视觉上的统一效果。

图片参考：

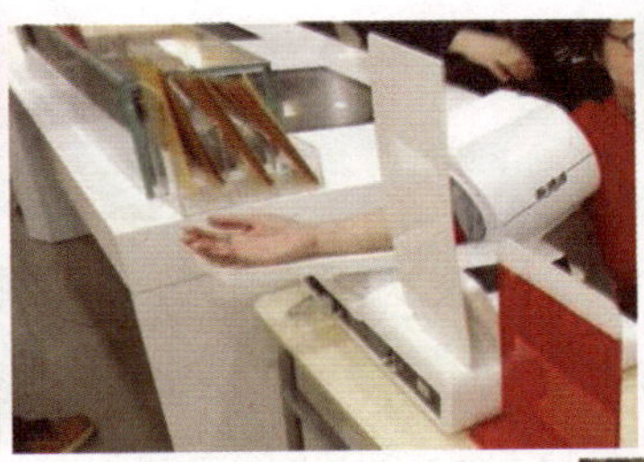

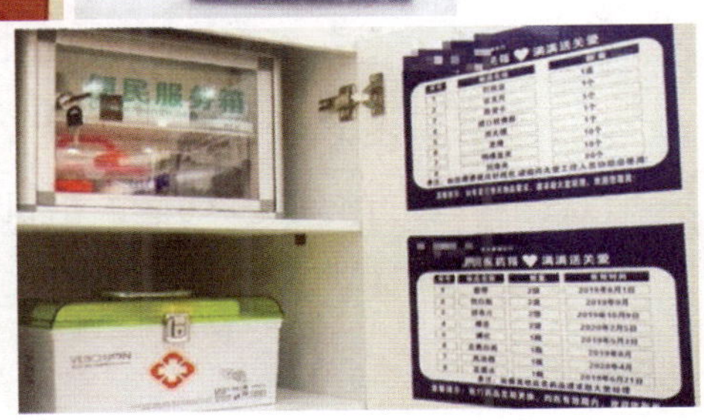

013 配备便于客户使用的饮水及设施、用具，干净卫生，数量充足；加热饮水设施标注“小心烫伤”提示标识。（3分）

检查方式：现场观察。

指标变化：明确要求不只有设施还必须有饮水，饮水用具不限于一次性用具，分值由2.0版本的2分调整为3分。

重点关注：

- 如网点安装了直饮水系统，则无有效期和换水日期的要求。
- 普通冷热饮水机最大的安全隐患在于儿童的热水烫伤问题。儿童随家人在网点中办理业务，网点工作人员要有意识地防止儿童去玩饮水机上的热水开关。

图片参考：

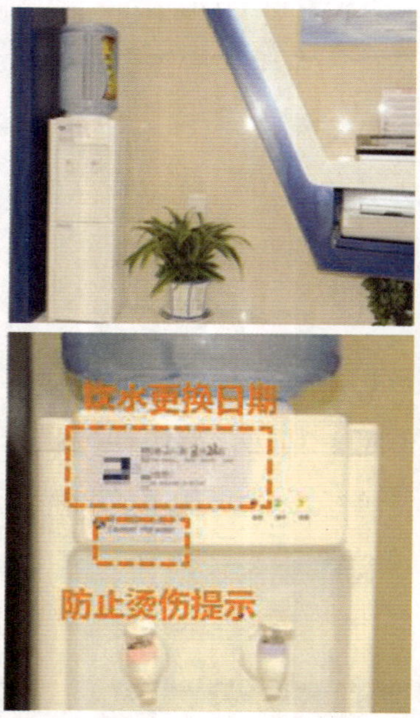

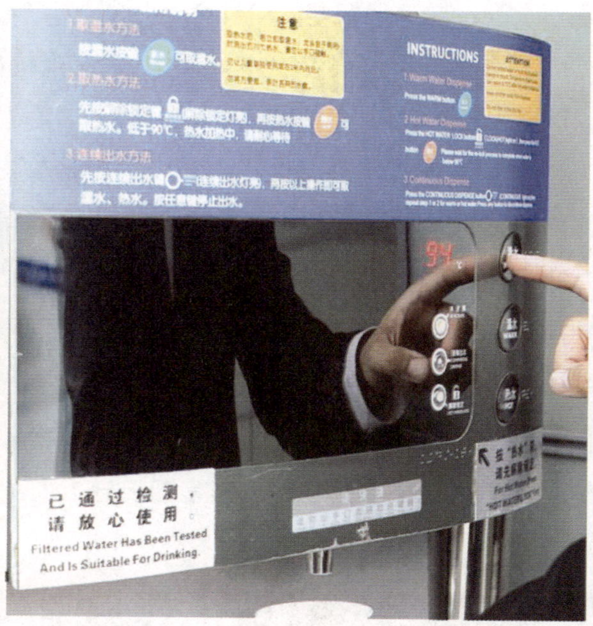

案例图片

案例分享：

案例一：许多营业网点会在桶装饮用水上显示每桶水的保质期限，并标注换水日期。此外，加贴“儿童勿动”等标识也是一种提升人性化的做法。

案例二：大家在机场候机时是否关注过机场冷热水直饮机？目前国内一些新建的大型机场，乘客如果要在直饮机取用开水，需要先按一下机器上放的“解锁”按键，在几秒钟内按下热水按钮方有效。且直饮水机一般都是立式机，按键设置较高，儿童很难触碰到，这在一定程度上保证了儿童的安全（参见案例图片）。

014 适当位置设置碎纸设备或废弃凭条回收箱（盒、筒），及时清理，方便客户使用，保护客户信息安全。（2分）

检查方式：现场观察 。

指标变化：标准不变。

重点关注：

- 碎纸设备：可在业务办理区域或者便民区域适当的位置放置碎纸设备，建议设“注意安全”“儿童勿动”等标识。碎纸机日常放置时请务必设于关机状态，需要时由使用者开机，以杜绝任何意外隐患。请注意，点钞机不要放置在碎纸设备上方。
- 自助区垃圾及时清理：自助区的垃圾桶往往是容易被忽略的地方，如果选用小型垃圾桶，在客户使用的高峰时段，垃圾桶很容易满溢。请大堂经理和保洁人员巡查时注意自助区的卫生保洁，及时清理客户废弃的单据凭证等，垃圾桶废弃物不超过桶身 1/2 为宜。
- 垃圾桶放置数量：网点垃圾桶摆放不宜过密，在保证实用性的同时要兼顾美观。

图片参考：

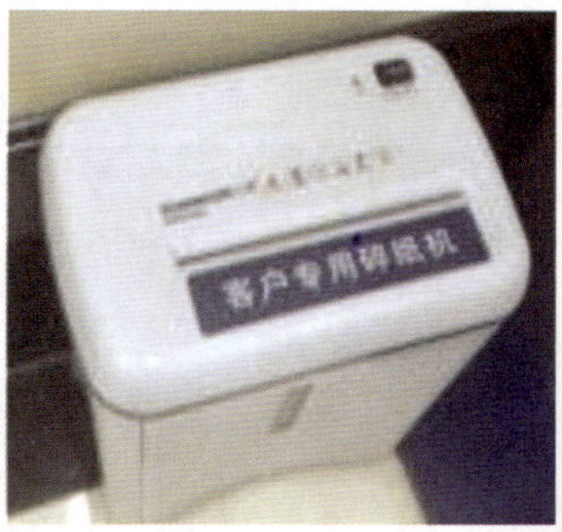

015 在网点内为客户提供无线上网（WiFi）服务，正常使用，标识醒目，操作流程明晰，风险提示到位。（2分）

检查方式：现场观察、现场测试。

指标变化：增加要求“正常使用”“操作流程明晰”，减少重复要求“客户私密保护措施到位”。

重点关注：

· 确保上网安全：请在公共区域显眼处公示营业网点WIFI服务的操作流程和登录信息，注意进行风险提示，以保护客户的使用安全。

图片参考：

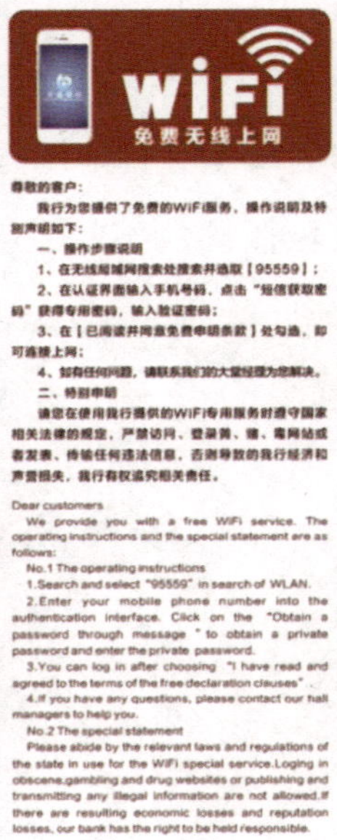

案例分享：

某地曾发生这样的案件：不法分子在营业网点附近设置了名为“XXbank”的免费WiFi热点，不设密码，由于真实的银行WiFi均需要绑定手机并输入密码/验证码，程序较为烦琐，因此很快就有银行内及附近区域人员贪图简便，从而通过手机、平板电脑等设备接入了钓鱼热点。一旦“钓鱼”成功，客户在网络上的一举一动，甚至其手机型号、打开的应用名称及上网信息（如浏览过的网页、登录网站的信息账号等信息），均会被黑客（此免费WiFi分享者）截获（参见案例图片）。

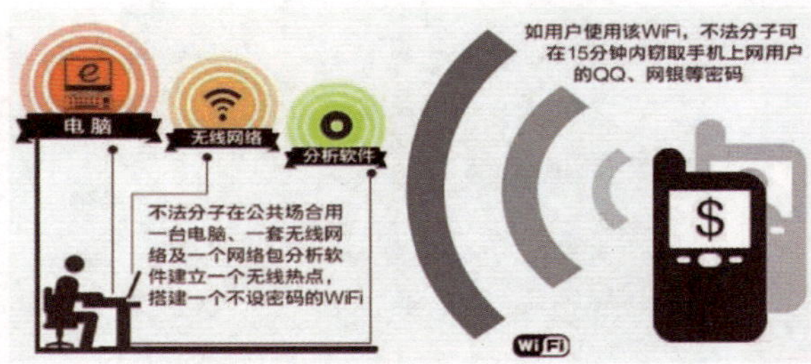

案例图片

016 以公告栏公示或客户提示卡等方式，提示周边区域本行或他行其他营业网点的地址和联系电话。（2分）

检查方式：现场观察。

指标变化：将“适当位置公示本网点业务联系（消费者权益保护）电话号码”调整至59条。

重点关注：

- 公告栏/提示卡的选择：首先，小规模或者厅堂空间较小的网点可以选择制作提示卡，放置在接待台的醒目位置；或者将公告栏上墙，以节约厅堂空间。其次，对于厅堂空间较充裕的网点，可以选择合适的位置放置公告栏，例如便民区域、自助区域等相关业务需求发生较为集中的区域。最后，建议位于城市中心人流量集中地区、游客较为集中的景点地区的营业网点，能够在醒目位置设置便于观看、对应客户需求和疑问较多的便民和业务公告栏。
- 公告栏/提示卡的内容：建议提示本网点周围同业银行金融机构（24小时自助银行）的名称、位置、与本网点距离（约多少米、多少公里）。位于著名景点附近的网点还可以标注周边景点的位置。

图片参考：

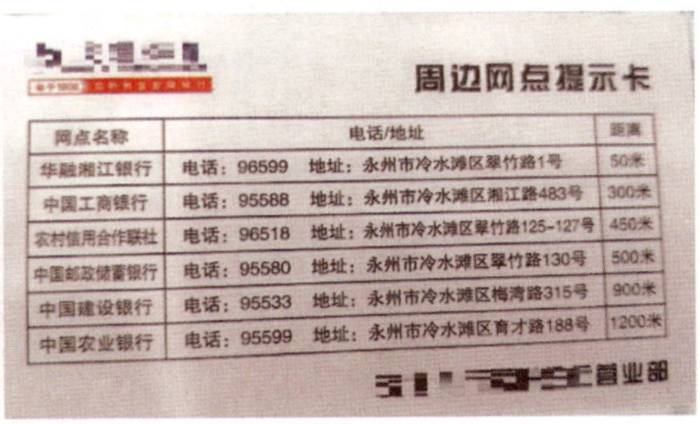

案例分享：

案例一：某旅游城市著名景点，日常到访的中外游客数量较大，对于金融信息和服务的需求不仅局限于国内游客，还有大量海外游客。位于该景点附近的某银行网点从客户实际需求和体验出发，不仅公示了面向国内游客的同业金融机构信息公告栏，更制作了服务于海外游客的外资银行本市营业网点和联系方式提示卡，切实解决了许多海外游客的燃眉之急，在该网点的客户留言簿上经常能够看到海外游客的感激之语。

案例二：某网点位于一个拥有大量外来人口的经济园区内，该网点根据自身客户群体特征，从客户体验的角度来分析客户对于银行服务需求：例如，每逢春节到来，网点ATM肯定会出现缺钞现象；而当集中发薪日到来，ATM又会出现溢钞情况。此时一张标注详细的周边银行24小时自助银行和ATM位置的提示卡对于在外奔波的劳动者来说，会带来极大的便利和快捷！

017 向客户提供常办业务简介、风险提示等，内容包括所需证件、办理渠道、流程和范围等必要手续提示。（2分）

检查方式：现场观察。

指标变化：标准不变。

重点关注：

· 制作形式：根据网点的实际情况和需求，可制作成册，也可制作成卡、折页单等。

· 提示内容：

（1）常办业务：网点可根据自身客群特征和业务特色，列出客户所关心的、询问比例较高的业务。（如信用卡的申请、贷款后提前还款、各类转账业务）

（2）风险提示：在网点内的各个工位、电子化设施/设备处都要公示风险提示。风险提示字体醒目、提示简单易懂。在此特别提示一个小窍门，建议网点内凡是需要客户自己动手操作的电子化设施设备处，都要有相应的风险提示，以防范风险。

图片参考：

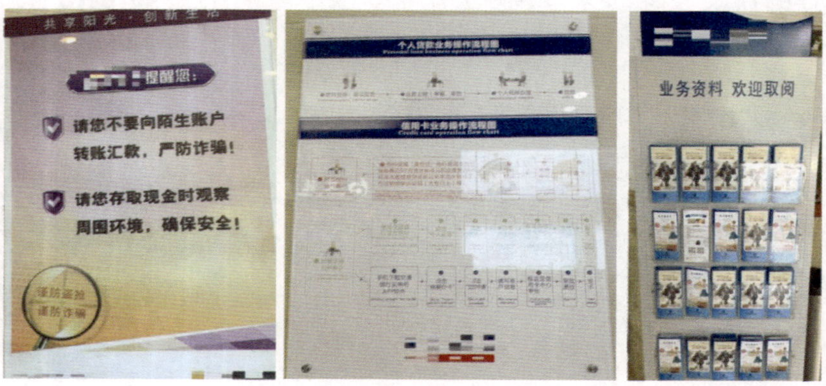

案例图片

案例分享：

如何从客户体验角度出发，优化各类事项告知程序？

如果从普通客户的视角出发，进入营业网点实地体验的话，那么绝大多数客户对于挂在网点墙上密密麻麻写满小字的“风险提示”和“常办业务和收费提示栏”等介绍基本都会忽略，即使有相关疑问和需求也不会特别去关注这些挂墙信息。

针对上述现状，有的网点专门制作了《填单业务样本》《网点个人业务索引》等易于客户阅读对照的手册，放置在填单台或者大堂经理台，供客户随时翻阅。

有的网点总结出客户询问量最大的10–20个问题，统一制作说明单页，详细列示了业务办理流程、时效、需要准备的材料、相关注意事项等。当客户咨询时，将对应单页提供给客户，这样不仅提高了业务咨询的效率，更加避免了因客户漏听、漏记导致业务准备手续不全而无法办理的情况（参见案例图片）。

1.4 // 营业环境设置

3.0 版与 2.0 版对比明细

序号	2.0 版考核内容	分值	序号	3.0 版考核内容	分值	对比
项目：1.4 营业环境设置		35	项目：1.4 营业环境设置		25	分值由 2.0 版本的 35 分调整为 25 分
21	在营业网点内公示营业执照及金融许可证	2	18	在网点内公示营业执照及金融许可证	1	分值由 2 分调整为 1 分
22	现金、非现金服务区、贵宾服务区各设置满足业务需要的营业窗口，并设置弹性服务窗口；未使用的窗口设置遮挡帘	4	19	网点设置满足业务需要的营业窗口，未使用的窗口设置遮挡帘	2	将“现金、非现金服务区、贵宾服务区”概括为“网点”，减少要求“设置弹性服务窗口”，分值由 4 分调整为 2 分
23	设置快速业务办理营业窗口（通道）、爱心窗口及涉外服务窗口，标识醒目、便于引导	3	20	设置快速业务办理营业窗口（通道）、爱心窗口及涉外服务窗口，标识醒目，便于引导	3	标准不变
24	营业窗口、柜台之间设置遮挡板、一米线等相当功能设施，形成相对独立的客户办理业务区域	3	21	营业窗口、柜台之间设置遮挡板、一米线等相当功能设施，形成相对独立的客户办理业务区域	3	标准不变
25	营业窗口玻璃干净整洁，通透明亮，无污渍、无乱张贴；整合相关提示牌摆放，可公示、发布信息资讯	2	22	营业窗口玻璃干净整洁、通透明亮；整合相关提示牌摆放，可公示、发布信息资讯	3	减少重复要求“无污渍、无乱张贴”分值由 2 分调整为 3 分
27	营业窗口配备客户座椅，客户使用体验舒适	2	23	营业窗口配备客户座椅，客户使用体验舒适	1	标准不变，分值由 2 分调整为 1 分
28	营业窗口语音对讲装置工作正常，通话音量适中，柜员点钞机显示清晰、无遮挡	4	24	营业窗口语音对讲装置正常工作，通话音量适中，柜员点钞机显示清晰、无遮挡	3	将“工作正常”调整为“正常工作”，分值由 4 分调整为 3 分

（续表）

29	设置填单台及电子填单设备，客户使用体验舒适，并设置常用业务填单模板，空白凭条齐全，业务用途明确，摆放有序，数量达到储存单格的1/3以上，便于取用	3	25	有填单需要的，设置填单台及其他便利客户填单的服务设施，客户使用体验舒适，根据业务需要配备填单模板及单据，单据数量充足、业务用途明确，摆放有序，便于取用	3	针对部分银行需要填单的业务种类越来越少的情况，增加限定条件“有填单需要的”，调整要求“根据业务需要配备填单模板及单据”并将原本单据“数量达到储存单格的1/3以上”修改为“数量充足”
30	营业厅内明显位置摆放中英文对照的客户意见簿，格式规范，页码连续，少数民族地区的客户意见簿实现少数民族文字对照	3	26	网点内明显位置设置中英文对照的客户意见簿	1	去除与新版157条重复要求“格式规范，页码连续”，减少“少数民族文字对照”要求。分值由3分调整为1分
31	营业厅明显位置设置便于客户使用的免拨直通客服电话，标识醒目，中英双语服务，明示操作流程图	3	27	网点明显位置设置便于客户使用的免拨直通客服电话，标识醒目，中英双语服务，操作流程图简明易懂且内容与实际相符	3	增加要求“内容与实际相符”
32	营业厅水、电、气、火等方面无安全隐患，配备灭火器等消防设施，符合消防要求	2	28	网点水、电、气、火等方面无安全隐患，配备灭火器等消防设施，符合消防要求	2	将“营业厅”调整为“网点”

018 在网点内公示营业执照及金融许可证。（1分）

检查方式：现场观察。

指标变化：删除了“营业”，分值由2.0版本的2分调整为1分。

重点关注：

- 相关证照的公示可挂放于营业大厅内或者柜台内部，请注意挂放的美观性，摆放应端正，内容要清晰可见。不建议挂放彩色复印件，以原件为佳。

图片参考：

019 网点设置满足业务需要的营业窗口，未使用的窗口设置遮挡帘。（2 分）

检查方式：现场观察、调阅监控。

指标变化：将“现金、非现金服务区、贵宾服务区”概括为“网点”，减少要求“设置弹性服务窗口”，分值由 2.0 版本的 4 分调整为 2 分。

重点关注：

- 营业窗口设置：网点应根据客流量合理配置各区域的窗口数量，并确保在客流高峰时期有足够的窗口开启，避免出现拥挤的现象。请注意，评选创优的网点至少要开设两个或两个以上窗口。
- 设置遮挡帘：未使用的窗口请设置遮挡帘，并完整放下。请注意，未使用窗口上方的叫号显示屏请显示“暂停服务”，避免出现窗口遮挡帘已经放下，但窗口上方的叫号显示屏仍停留在最后一个号码的情况。此外，遮挡帘放下后，请大堂经理即时前往该窗口，将窗口外台面清理干净，物品归位摆放。

图片参考：

020 设置快速业务办理营业窗口（通道）、爱心窗口及涉外服务窗口，标识醒目，便于引导。（3分）

检查方式：现场观察、检查相关制度。

指标变化：标准不变。

重点关注：

- 本条关键点是要制定出上述相关特殊窗口的使用办法，且网点员工在实际工作中能够贯彻和实施相关办法。
- 实际运营工作中，相关窗口的使用注意事项：一般而言，营业网点应确保快速通道窗口、爱心窗口和涉外窗口保持同时开启的状态。窗口设置本身并无难度，难在日常运营中，如何确保三种对应人群能被正确引导至特殊服务窗口，并且避免其他客户的不解，甚至引发不必要的纠纷。
- 在使用特殊窗口的引导过程中，大堂经理将承担重要的角色。大堂经理需要根据客户类型和所需办理业务的种类、特殊情况，将客户在最初识别阶段就正确分流至合适的窗口。同时，还要做好网点内其他客户的告知工作，以免发生不愉快。
- 窗口标识：请注意核实上述窗口标识的英文表达是否正确。

图片参考：

021 营业窗口、柜台之间设置遮挡板、一米线等相当功能设施，形成相对独立的客户办理业务区域。（3分）

检查方式：现场观察。

指标变化：标准不变。

重点关注：

- 遮挡板材质：个别装修较早的老网点会沿用透明玻璃作为遮挡版，不仅不利于保护客户隐私，也存在一定的安全隐患。建议有条件的网点改建或者新建时，尽量选用不透明的、非玻璃材质的遮挡版。对于以往装修时遗留的透明玻璃可做贴膜处理。
- 确保“一米线”发挥实际作用：如果仅仅设置了一米线，但是实际执行时无人遵守，那么一米线制度就如同虚设。请注意，一米线并非简单贴在地上的一条横线，它是保护客户隐私和网点秩序的重要防护栏，保证了客户信息的私密性，就等于守住了银行信息安全的第一道防线。

图片参考：

022 营业窗口玻璃干净整洁、通透明亮；整合相关提示牌摆放，可公示、发布信息资讯。（3分）

检查方式：现场观察。

指标变化：减少重复要求“无污渍、无乱张贴”，分值由2.0版本的2分调整为3分。

重点关注：

- 营业窗口卫生整洁：网点应该保持营业窗口玻璃干净卫生，并且避免乱张贴。有些客户办理业务时，脸和手等身体部位会碰到窗口玻璃，容易留下印痕，请大堂经理和保洁人员随时观察并清洁。此外，高柜员工也应关注窗口卫生，如发现污渍，请及时通知大堂经理并安排清洁。需要柜台内外联动的不仅仅是业务需求和应急事件，卫生也很重要！
- 信息资讯：业务相关资讯公示方式可采用提示牌、折页单等形式，有条件的网点可将相关信息整合后用电子相框的形式进行展示。但请切记，不要放置与本行金融业务无关的、非正规金融机构发行的产品宣传广告。

图片参考：

案例分享：

某行网点空间较小，柜面如果放置太多信息牌会显得非常凌乱，为了减少摆放，提升客户视觉体验，网点购置了平板电脑，一半屏幕用于公示员工信息牌，一半屏幕用于滚动播放银行相关资讯。

023 营业窗口配备客户座椅，客户使用体验舒适。（1 分）

检查方式：现场观察。

指标变化：标准不变，分值由 2.0 版本的 2 分调整为 1 分。

重点关注：

- 座椅的选择：不建议选用带有滚轮的椅子、自重太重的座椅、无扶手的吧台椅、转椅、圈椅等，以上椅子不仅存在安全隐患，也不易归位，徒增厅堂管理的工作量。例如，吧台椅确实非常高端漂亮，如放置用于银行厅堂，在装修风格上还是较为匹配的，但这种椅子由于没有扶手，对于老年人、行动不便人士或者带小孩的客户来说，就非常不方便，况且重心极易不稳，身体动作较大时容易摔倒，故不提倡采用。

图片参考：

024 营业窗口语音对讲装置正常工作，通话音量适中，柜员点钞机显示清晰、无遮挡。（3分）

检查方式：现场观察、调阅监控。

指标变化：将“工作正常”调整为“正常工作”，分值由2.0版本的4分调整为3分。

重点关注：

- 对讲机音量：高柜员工在办理业务过程中，为保护客户隐私信息，请将对讲系统音量调整到适中。如遇到听力障碍人士（或老年人），请酌情调节音量大小，必要时请大堂工作人员协助传递信息。

图片参考：

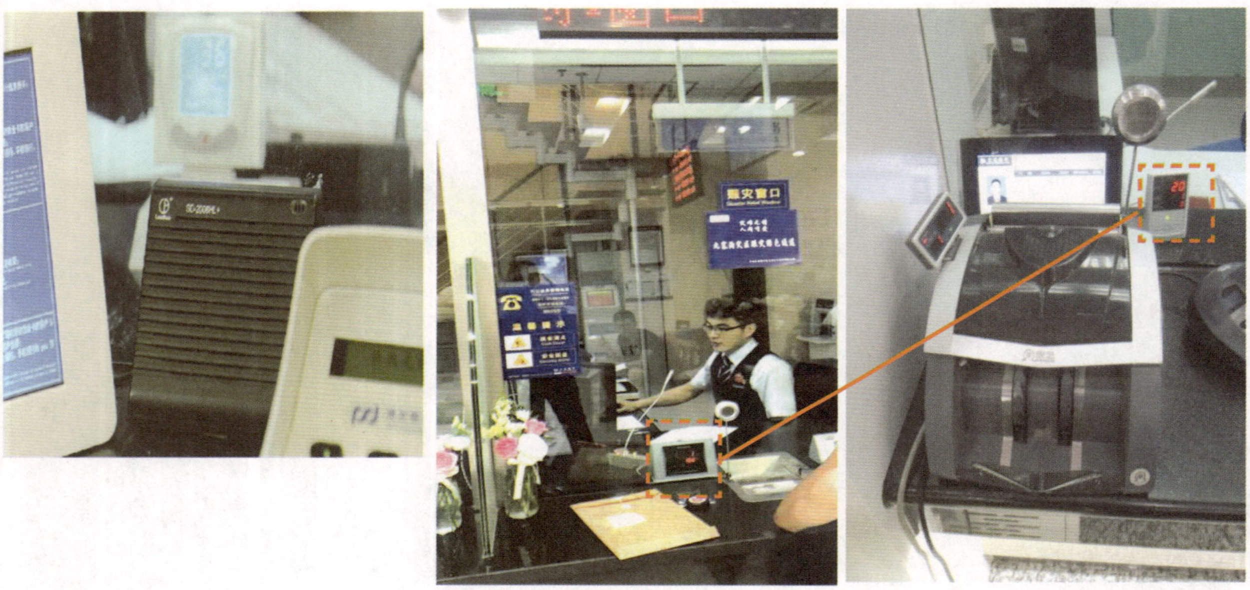

025 有填单需要的，设置填单台及其他便利客户填单的服务设施，客户使用体验舒适，根据业务需要配备填单模板及单据，单据数量充足、业务用途明确，摆放有序，便于取用。（3分）

检查方式：现场观察。

指标变化：针对部分银行需要填单的业务种类越来越少的情况，增加限定条件“有填单需要的”，调整要求“根据业务需要配备填单模板及单据”并将原本单据“数量达到储存单格的1/3以上”修改为“数量充足”。

重点关注：

- 填单设备：随着银行设备电子化的普及，越来越多的网点增设了电子填单机。但是实际工作中使用率并不高，有的新员工甚至还不能独立并熟练地指导客户使用。请网点增强对于员工的电子设备使用培训，并引导和培养客户使用无纸化电子设备的良好习惯。

- 填单台：可能许多网点负责人都有这样的经历——网点厅堂装修过程中，填单台的设计让人伤透脑筋。填单台不像其他设备设施，有固定的形制和摆放规则。而每个营业网点空间布局也都不尽相同，因此填单台只能因势而异，往往需要根据网点的实际空间布局进行定制。一般来说，空间宽敞的网点可选择环岛式填单台，优雅大气，能够很好地起到分割空间和人群的作用。空间较小的网点则可靠墙设置，既有效保障了客户隐私，也使网点厅堂空间看起来更加宽敞、无阻隔。
- 填单模板：只要在填单台上正式摆放的单据就必须同时配备填单模板，以方便客户参考。

图片参考：

026 网点内明显位置设置中英文对照的客户意见簿。（1分）

检查方式：现场观察。

指标变化：去除与新版157条重复要求“格式规范，页码连续”，取消了“少数民族文字对照”要求，分值由2.0版本的3分调整为1分。

重点关注：

- 客户意见簿摆放位置：请放置于营业网点厅堂的显眼位置，一般为大堂经理接待台处。请注意，网点实际工作中，有时为了在接待台处腾出更多的空间用于处理客户相关事宜，会将客户意见簿挪至其他位置，请尽量避免此类情况发生。
- 工作人员需关注客户意见簿：之所以要将客户意见簿放置于大堂经理接待台，首先是便于客户寻找，其次是当客户填写意见簿时，便于厅堂内的工作人员及时发现。特别建议，对于填写意见簿的客户，无论客户态度呈正面或者偏负面，都要尽量与客户进行沟通，了解客户的想法，“有则改之，无则加勉”。
- 对于客户意见簿中的表述内容，处理和回复处理时间不要超过24小时，建议大堂经理于每天下班前做好书面回复和信息反馈工作。对留有联系方式的客户也应在24小时内进行回复，并将回复意见写在意见簿上。

图片参考：

027 网点明显位置设置便于客户使用的免拨直通客服电话，标识醒目，中英双语服务，操作流程图简明易懂且内容与实际相符。（3分）

检查方式：现场观察。

指标变化：增加了“内容与实际相符”要求。

重点关注：

- 免拨直通客服电话的设置：请设置在网点大厅的明显位置处。建议在电话旁提供中、英文操作流程示意图（有条件的网点可加配菜单设置文字说明），操作流程的图标及说明内容简单清晰、易于理解。流程示意图尽量简单化，建议呈现一级菜单即可。请注意，如果直通电话选择流程发生变化，一定要及时更新操作流程图和文字说明。
- 引导客户使用直通电话：对于某些常规业务和特定业务，例如信用卡开卡等，大堂经理应引导客户使用直通电话进行自助操作，不仅保证了客户的信息私密性，也节省了工作人员的时间。

图片参考：

028 网点水、电、气、火等方面无安全隐患，配备灭火器等消防设施，符合消防要求。（2分）

检查方式：现场观察 。

指标变化：将“营业厅”调整为“网点”。

重点关注：

- 安全第一：对于营业网点来说，客户和员工的人身安全是最为重要的，其次才是网点的财产安全。

- 专人专查，防患于未然：安全面前无小事，请网点严格遵守水、电、气、火等设施的建设和使用标准，安排专人定期检查。尤其对于管线老化、动物损害等可能发生的事件要加以关注和排除。
- 消防设施：除配合消防部门进行定期检查外，网点内部也要定期进行实操内训，以便员工掌握消防设施的正确使用方法。例如：建议网点全员都要学会灭火栓的使用办法，知道消防栓的位置所在。此外，网点配置的消防箱、消防栓等设施要进行定位管理，不能为了美观效果而擅自对消防设施进行改造或替换。在消防箱盖的边角处可加贴“防撞条/防撞保护圆角”以保护客户安全。

图片参考：

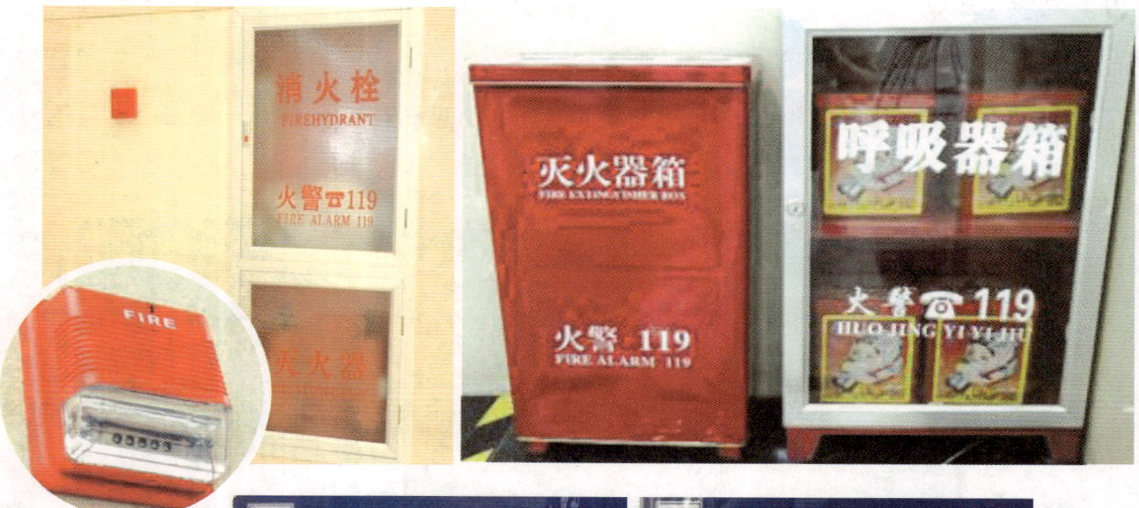

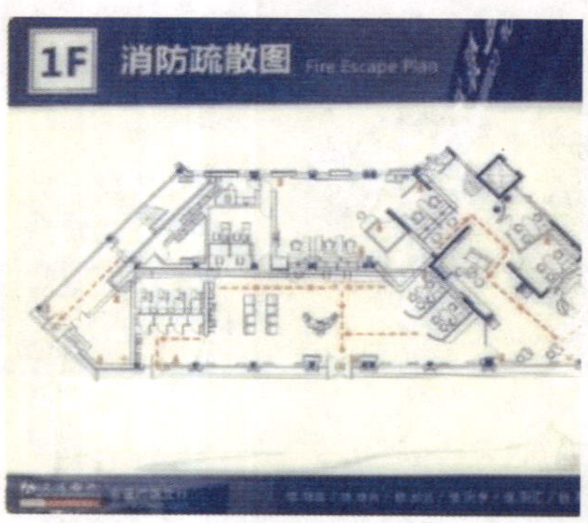

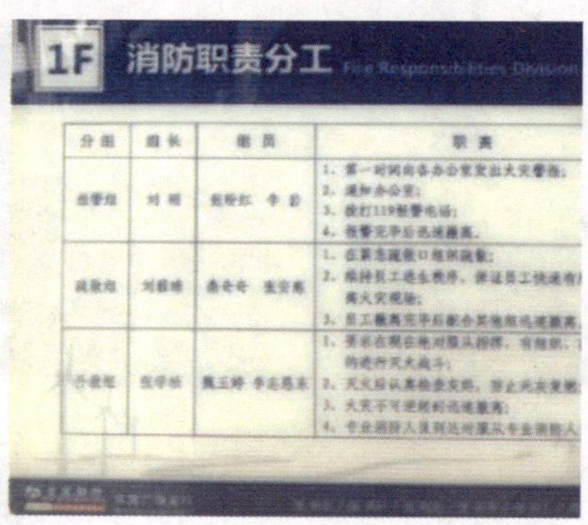

第二模块

服务功能

DI ER MO KUAI

3.0 版与 2.0 版对比总图：

2.0 版本考核内容	分值	3.0 版本考核内容	分值	对比
第二模块：服务功能	140	第二模块：服务功能	135	分值由 2.0 版本的 140 分调整为 135 分
项目：2.1 服务功能分区	25	项目：2.1 服务功能分区	20	分值由 2.0 版本的 25 分调整为 20 分
项目：2.2 业务功能	35	项目：2.2 业务功能	25	分值由 2.0 版本的 35 分调整为 25 分
项目：2.3 智能银行服务	25	项目：2.3 智能银行服务	45	分值由 2.0 版本的 25 分调整为 45 分
项目：2.4 自助银行服务	55	项目：2.4 自助银行服务	45	分值由 2.0 版本的 55 分调整为 45 分

核心要点解读

服务功能模块的总分值由 2.0 版本的 140 分，调整为 3.0 版本的 135 分，总体分值减少了 5 分，由于银行营业网点常规服务功能已经较为完善，且智能银行相关理念和设备在过去几年已经有了迅速规范和发展，因此此次 3.0 版本在服务功能模块方面的调整幅度并不大。

3.0 版本的核心思想是功能设置不强调硬件设施和装修外观的呈现效果，而是注重客户体验的提升。客户体验的人性化、视觉效果的便利化将全面深入银行物理网点和网络虚拟环境中，给予客户体验的变化和革新将重新定义服务的内涵。

例如，现在的许多智能科技类设备都非常先进，业务整合度较高，一台机器往往可以办理许多相关业务。但是由于业务功能过于强大，往往导致客户在第一次使用时无从入手。面对这种情况，智能机具“人性化、傻瓜式”的操作界面和操作流程设计、智能机具旁便于阅读理解的操作步骤提示、工作人员及时地现身指导，都能够有效提升客户对于智能机具的接触深度，而这些都是基于客户体验得出的服务提升措施

建议各网点的功能分区、设施设备的使用都需要从客户体验的角度出发进行全面提升。例如，对于新放置的先进智能设备，传统的做法是在设备旁张贴一张简单的使用流程图或者使用说明，至于客户是否能够看懂，实际体验过程是否顺畅则很少引起关注。而提高自助智能机具使用频率的最好途径就是打破普通客户对于智能机具的陌生感和操作隔阂，这就需要各家银行在客户体验的提升方面做进一步的探索和完善。

2.1// 服务功能分区

3.0 版与 2.0 版对比明细

序号	2.0 版本考核内容	分值	序号	3.0 版本考核内容	分值	对比
项目：2.1 服务功能分区		25	项目：2.1 服务功能分区		20	分值由 2.0 版本的 25 分调整为 20 分
33	营业厅实现分区服务，包括咨询引导、客户等候、现金、非现金（个人、对公、理财或信贷业务服务）、电子银行服务、自助服务、贵宾服务（理财区或理财室）、公众教育等相当功能的服务区，且分区合理	15	29	网点实现分区服务，包括咨询引导、客户等候、现金、非现金（含理财和代销产品销售专区）、电子银行（或智能银行）服务、自助服务、贵宾服务、公众教育（消费者权益保护）等相当功能的服务区域，且分区合理	10	调整各功能区域内涵。包括“非现金区（个人、对公、理财或信贷业务服务）”调整为“非现金区（含理财和代销产品销售专区）”；“电子银行服务”调整为“电子银行（或智能银行）服务”；“公众教育”调整为“公众教育（消费者权益保护）”。分值由 2.0 版本的 15 分调整为 10 分
34	设置功能分区引导牌或平面分布图，制作规范统一，标识明显，指示方位、名称、功能与各区域相对应，且各区域位置明确、易于识别，少数民族地区设置少数民族语言标识指引	8	30	设置功能分区引导牌或平面分布图，制作规范统一，标识明显，指示方位、名称、功能与各区域相对应，且各区域位置明确、易于识别	8	减少了“少数民族地区设置少数民族语言标识指引”的要求
35	非对外营业区域有明显标识，办公楼与营业区共享大厅的，与办公区互通处有明显提示	2	31	非对外营业区域有明显标识，办公楼与营业区域共享大厅的，与办公区域互通处有明显提示	2	将“区”的表述调整为“区域”

029 网点实现分区服务，包括咨询引导、客户等候、现金、非现金（含理财和代销产品销售专区）、电子银行（或智能银行）服务、自助服务、贵宾服务、公众教育（消费者权益保护）等相当功能的服务区域，且分区合理。（10 分）

检查方式：现场观察。

指标变化：调整各功能区域内涵。包括“非现金区（个人、对公、理财或信贷业务服务）”调整为“非现金区（含理财和代销产品销售专区）”；“电子银行服务”调整为“电子银行（或智能银行）服务”；“公众教育”调整为“公众教育（消费者权益保护）”，分值由 2.0 版本的 15 分调整为 10 分。

重点关注：

- 请特别注意，关于网点功能分区，3.0 版调整的重点是特别明确了公众教育区一定要呈现“消费者权益保护宣传教育”相关内容。
- 判断分区合理的总体标准：大堂经理、客户经理提供服务的便利性；客户办理业务时行进和流程的便利性。
- 功能化分区应考虑以下几点：

（1）分区要充分考虑业务联动联通的便利性。日常业务中联动需求最大的是高柜员工和大堂经理，网点分区设置要便于大堂经理在整个厅堂内的顺畅移动，以便其联通全行，高效办事。

（2）有条件的网点可尽量将贵宾服务区域独立于普通大堂，如网点空间有限，则尽量为贵宾客户设计一条较为便利的移动路线。

（3）后台区域（如办公室、机房、资料室、员工休息室等）应设置有独立空间，隔离于客户活动区域。

（4）柜员的授权路径尽量缩短。

（5）将业务办理区域与非业务区域（如便民设施、高科技设备体验区、客户活动区、网点特色呈现区）尽量实现空间上的分隔，也就是说，将金融业务与附加服务进行空间上的区别，不仅提升了客户体验，也便于大堂经理进行厅堂管理。

图片参考：

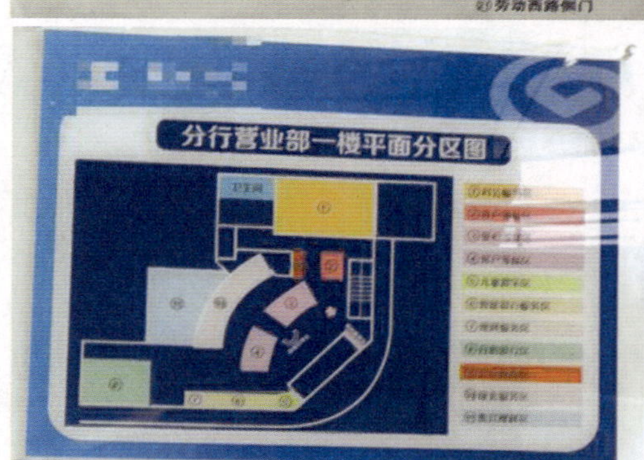

案例分享：

某社区银行网点，针对老年客户较多、不愿意看文字材料的实际情况，由网点内擅长绘制漫画的年轻员工绘制了一套消费者保护宣传漫画，做成小展览的形式，在网点内公众教育区（消费者权益保护宣传教育区）进行专项宣传，客户们都啧啧称好，赞叹网点人才济济，新意不断。

030 设置功能分区引导牌或平面分布图，制作规范统一，标识明显，指示方位、名称、功能与各区域相对应，且各区域位置明确、易于识别。（8分）

检查方式：现场观察。

指标变化：减少了“少数民族地区设置少数民族语言标识指引”的要求。

重点关注：

- 平面分布图：从客户体验的角度出发，我们建议采用图文结合的方式来提升客户寻找目标区域的便利度。建议以平面图为主，直观易懂。有条件的网点可以采用电子触摸屏来实现电子化分区指引。尽量避免使用立牌式的箭头引导图，因为箭头图的指向性不明确，不易寻找。
- 功能分区引导牌：功能分区引导牌可制作指示牌悬挂于天花板下，或辅以地面指示箭头贴纸，以上方法可根据网点的实际情况酌情配合使用。

图片参考：

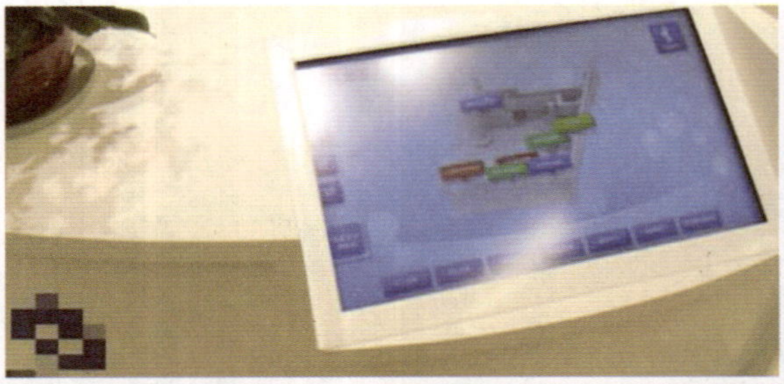
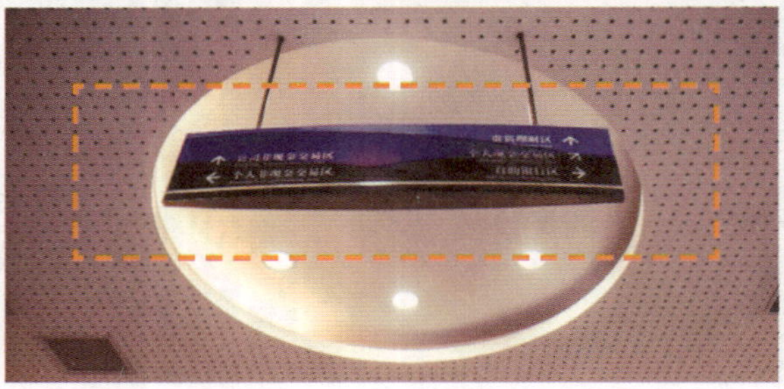

031 非对外营业区域有明显标识，办公楼与营业区域共享大厅的，与办公区域互通处有明显提示。（2分）

检查方式：现场观察。

指标变化：将“区”表述调整为“区域”。

重点关注：

- 此条关键点是对于分隔区域的相关提示，不建议采用吊牌提示，因为客户一般不会抬头朝上看。建议在分隔区域的明显处，张贴相关提示。
- 办公楼与营业区域共享大厅时，网点营业大厅内其他岗位员工往来穿梭较多，请注意管理和协调工作。在迎检期间，注意各岗位员工的仪容仪表需符合相关规定。

图片参考：

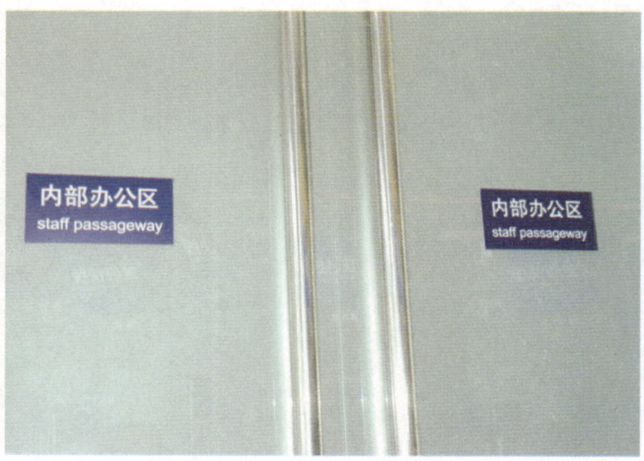

2.2 // 业务功能

3.0 版与 2.0 版对比明细

序号	2.0 版考核内容	分值	序号	3.0 版考核内容	分值	对比
项目：2.2 业务功能		35	项目：2.2 业务功能		25	分值由 2.0 版本的 35 分调整为 25 分
36	可受理人民币存款、取款、汇款、贷款等业务	7	32	可受理人民币存款、取款、汇款、贷款等业务	5	标准不变，分值由 2.0 版本的 7 分调整为 5 分
37	可受理外币存款、取款，以及结售汇、货币兑换、外币汇划等业务	7	33	可受理外币存款、取款，以及结售汇、货币兑换、外币汇划等业务	5	标准不变，分值由 2.0 版本的 7 分调整为 5 分
38	可受理存单、存折、信用卡、借记卡、IC 卡（芯片卡）等业务	7	34	可受理存单、存折、信用卡、借记卡、IC 卡（芯片卡）等业务	5	标准不变，分值由 2.0 版本的 7 分调整为 5 分
39	可受理理财、贵金属、保险、国债、基金、证券、代收代付等业务	7	35	可受理理财、贵金属、国债、证券、代销保险、代销基金、代收代付等业务	5	基金、保险表述调整为“代销基金”“代销保险”，分值由 2.0 版本的 7 分调整为 5 分
40	可受理网上银行、电话银行、手机银行等电子银行业务	7	36	可受理网上银行、电话银行、手机银行等电子银行业务	5	标准不变，分值由 2.0 版本的 7 分调整为 5 分

032 可受理人民币存款、取款、汇款、贷款等业务。（5 分）

033 可受理外币存款、取款，以及结售汇、货币兑换、外币汇划等业务。（5 分）

034 可受理存单、存折、信用卡、借记卡、IC 卡（芯片卡）等业务。（5 分）

035 可受理理财、贵金属、国债、证券、代销保险、代销基金、代收代付等业务。（5 分）

036 可受理网上银行、电话银行、手机银行等电子银行业务。（5 分）

检查方式：现场观察。

指标变化：标准不变，基金、保险表述调整为“代销基金”“代销保险”，分值由 2.0 版的 7 分调整为 5 分。

重点关注：

- 外币业务标识牌的标准样式。
- 电子银行业务：有条件的网点可将电子银行业务单独开辟区域进行整体呈现，并可根据需要配备电脑（触屏）、手机、PAD 等各种设备。

图片参考：

EXCHANGE 货币兑换

色值绿：C:72 M:15 Y: 94 K:0

色值灰：C:75 M:70 Y: 70 K:5

2.3 // 智能银行服务

3.0 版与 2.0 版对比明细

序号	2.0 版考核内容	分值	序号	3.0 版考核内容	分值	对比
项目：2.3 智能银行服务		25	项目：2.3 智能银行服务		45	分值由 2.0 版本的 25 分调整为 45 分
41	在电子银行服务区及贵宾服务区为客户提供网上银行、手机银行等服务设施，相关风险提示及客户私密保护措施到位	5	37	在电子（智能）银行、贵宾服务区域为客户提供与网上银行、手机银行等线上渠道对接的设施或智能设备，相关风险提示、客户信息安全及私密保护措施到位	5	3.0 版本明确要求是能提供网银、手机银行等服务，并不要求必须要网银、手机银行这两样名称的设备
42	为客户提供多渠道预约预处理、自助开销户、远程银行（VTM/ITM）、智能互动桌面、人脸识别、自助理财、自助结售汇、自助外币兑换等至少一种智能化服务功能	10	38	提高智能科技应用和资源配置效率，为客户提供多渠道预约、预处理、自助开户、远程银行（VTM/ITM）、智能互动桌面、人脸识别、直销银行、自助缴费、自助理财、自助结售汇、自助外币兑换、无卡取款等至少五种智能化服务功能，促进服务流程优化	15	增加了“直销银行、自助缴费、无卡取款”的选项，由原本的要求至少一种智能化功能增加到至少五种功能，分值由 2.0 版本的 10 分调整为 15 分
43	为客户提供移动金融、微信银行、电商平台、社交营销等至少一种互联网金融服务	10	39	为客户提供移动金融、微信银行、电商平台、社交营销等至少两种互联网金融服务	10	由原本的要求至少一种智能化功能增加到至少两种功能
			40	电子（智能）银行设施设备界面友好、设置合理，主要业务操作流程清晰准确，提升客户体验	10	新增
			41	有必要的监测设施或手段，电子（智能）银行设施设备不能供客户使用时设置暂停服务或相应提示标识，并及时排除故障	5	新增

037 在电子（智能）银行、贵宾服务区域为客户提供与网上银行、手机银行等线上渠道对接的设施或智能设备，相关风险提示、客户信息安全及私密保护措施到位。（5分）

检查方式：现场观察。

指标变化：3.0 版本明确要求是能提供网银、手机银行等服务，并不要求必须要网银、手机银行这两样名称的设备。

重点关注：

- 设施设备的摆放：网点提供的上网设备摆放时要注意保证客户隐私不外泄，所有设备旁边都必须配有明显的风险提示。
- 提高各种设施和智能设备的使用效率：随着网点智能化理念的普及，许多大型网点越来越多地配备了先进的电子银行设备，电子银行相关设备能够很好地减少客户排队等候时间。请网点根据各类设施的特点和业务办理模式，制作清晰易读的中英文操作流程图，增加客户的使用兴趣和使用便利度，要做到“看得懂，用的顺”。在使用人群方面，网点可以从与科技产品接触较多的中青年群体入手进行使用宣传。

图片参考：

038 提高智能科技应用和资源配置效率，为客户提供多渠道预约、预处理、自助开户、远程银行（VTM/ITM）、智能互动桌面、人脸识别、直销银行、自助缴费、自助理财、自助结售汇、自助外币兑换、无卡取款等至少五种智能化服务功能，促进服务流程优化。（15 分）

检查方式：现场观察。

指标变化：增加了“直销银行、自助缴费、无卡取款”的选项，由原本的要求至少一种智能化功能增加到至少五种功能，分值由 2.0 版本的 10 分调整为 15 分。

重点关注：

- 对于网点的智能化要求大幅提升：过去十余年以来，随着国家科技兴国战略的实施，银行业越来越注重与新科技的结合，中国银行业的网点智能化水平已经走在了世界的前列，令许多外资银行惊叹不已。本书所研究的评估体系历经三次修订，网点智能化相关内容的更新实为最大的。对于网点智能化的相关表述和内容更新代表的是一种态度和趋势，互联网、大数据、云计算、智能化是社会发展不可扭转的必然，与其回避与跟随，不如迎上并探索。
- 智能设备的选择需根据网点实际情况而定：3.0 版评估体系共罗列了十二种智能化服务功能，只要选择其中至少五种智能化服务功能即可。对于大型旗舰网点，根据示范作用的需要，可以多放置一些智能化设备，打造呈现一个先进的智能化服务展示专区。但是对于一些场地面积有限的网点，如何选择与自身情况匹配度最高的设备就需要动脑筋了。建议结合网点的业务、客流、地区等特点，选择与自身实际情况最匹配的设备。例如，社区业务为主的网点，宜选择与个人普通业务相关的设备，而不适合选择自助结售汇等设备。
- 智能设备及智能服务区考核关注要点：中英文操作流程图、风险提示、客户隐私保护。
- 请注意，智能化服务设备的使用目的是“促进服务流程优化”，如果由于网点智能化设备的使用，反而导致了服务流程的混乱和冗长，那就得不偿失了。

图片参考：

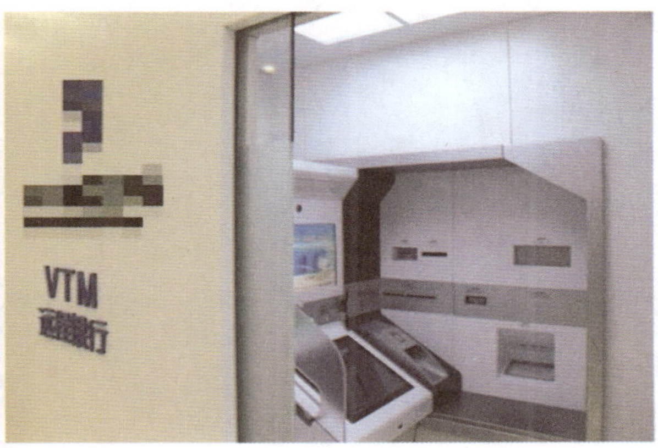

039 为客户提供移动金融、微信银行、电商平台、社交营销等至少两种互联网金融服务。（10分）

检查方式：现场观察。

指标变化：由原本的要求至少一种智能化功能增加到至少两种功能。

重点关注：

· 互联网金融转型的背景：

（1）在客户需求日益多元化、个性化、碎片化，物理网点受制于成本等因素难以迅速扩展的情况下，通过发展互联网金融支撑银行转型的重要性更加凸显。

（2）移动金融成为银行业开展互联网金融创新的最大亮点。许多银行均已上线了自己的手机银行 APP，有些银行除了把原有的金融服务搬上手机之外，还通过手机银行提供机票、生活消费和生活缴费等生活服务。

（3）各银行电子银行的定位正在从简单的交易替代、产品交付等交易渠道，向营销新媒体和销售新渠道转型；服务定位则从产品功能的提供，向客户体验的全面提升转型，从银行辅助渠道向新的银行经营模式转型。

· 互联网金融服务的呈现方式：网点可在智能银行区域集中展示互联网金融服务，在普及互联网金融服务的同时，亦要对消费者进行互联网金融安全知识的普及，可通过插页、读本、视频等多种方式呈现相关政策法规、海内外消保发展趋势及相关案例等。

网点可以根据自身业务特色，选择与客户群体相对应的互联网金融板块举办定期宣传、营销活动，加大加深客户普及度与接触面。

图片参考：

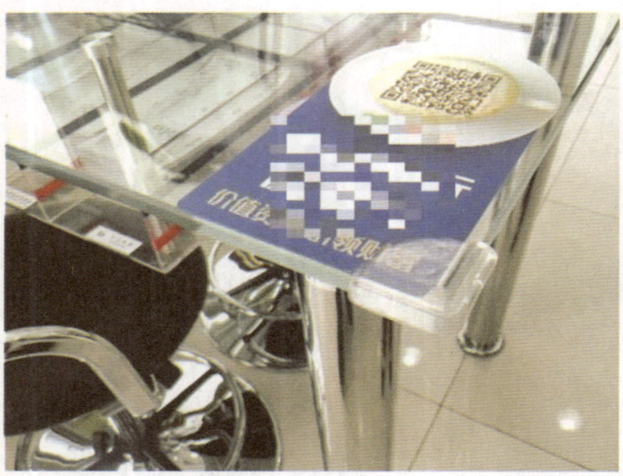

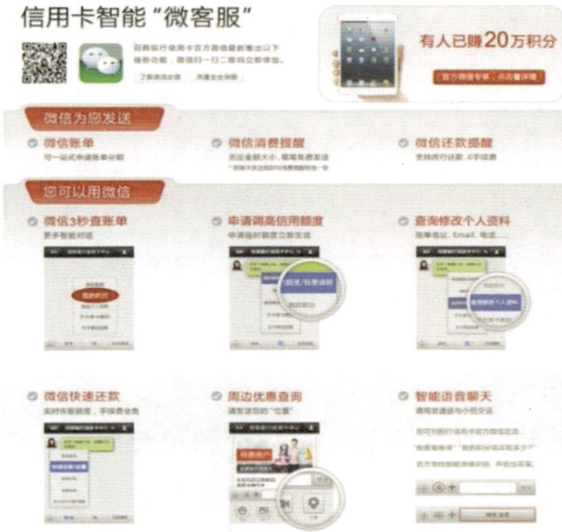

040 电子（智能）银行设施设备界面友好、设置合理，主要业务操作流程清晰准确，提升客户体验。（10 分）

检查方式：现场观察 。

指标变化：新增，分值为 10 分。

重点关注：

- 本项为首次新增，且分值为 10 分，可见其重要程度。在实务处理中，此条关键要点是提供中英文操作流程图（特别是主要 / 常办业务），以方便客户使用。
- 良好的客户体验是最重要的主题：现在各大银行都推出了自己的电子银行智能机，但是在操作界面和体验流程上的设计却各有不同。

图片参考：

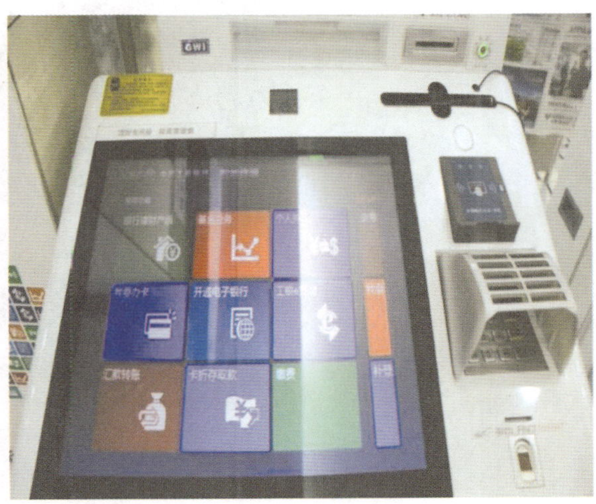

041 有必要的监测设施或手段，电子（智能）银行设施设备不能供客户使用时设置暂停服务或相应提示标识，并及时排除故障。（5分）

检查方式：现场观察、调阅监控。

指标变化：新增，分值为 5 分。

重点关注：

- 本项为首次新增，且分值为 5 分，可见其重要程度。
- 针对 ATM 等设备，可通过远程监测设施监测钞箱的使用情况，发现问题及时解决；对于其他电子（智能）设备的监测工作则要依靠大堂经理加强巡检频率；对于一时无法恢复使用的设备，必须立即放置“暂停服务”标识，并尽快安排修理。

图片参考：

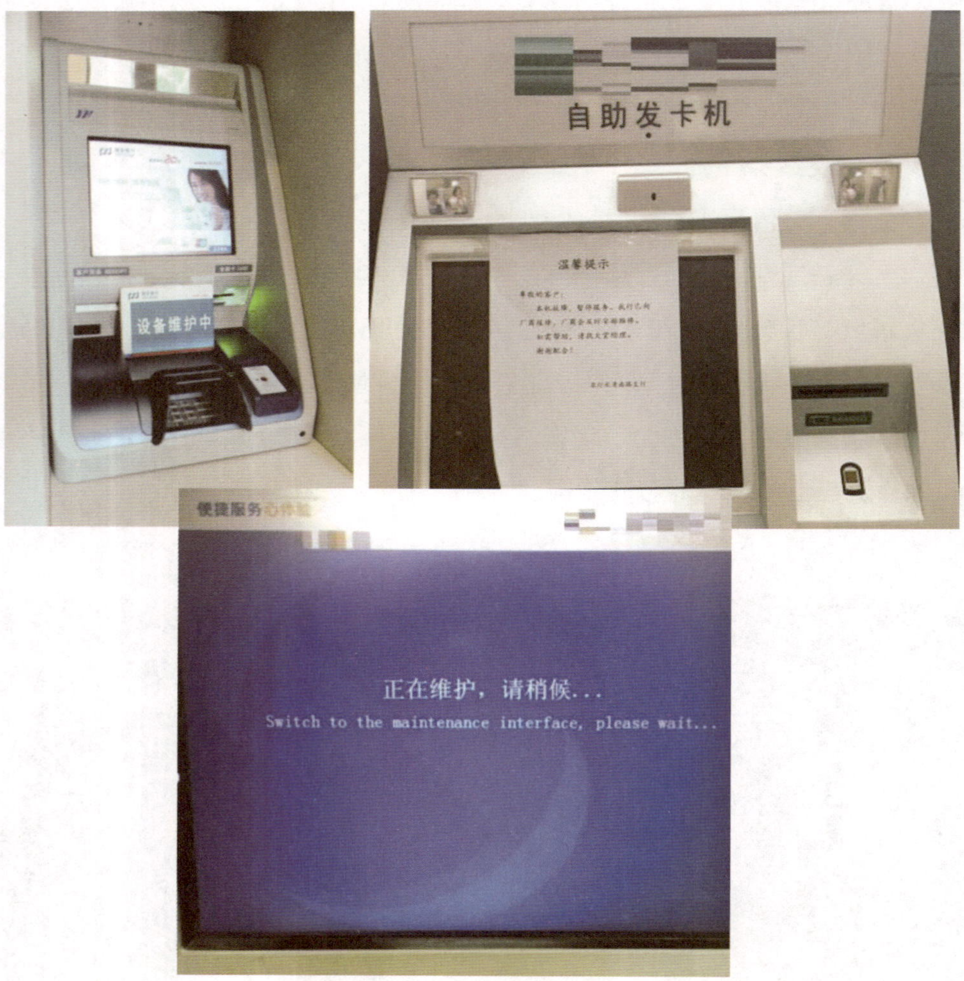

2.4 // 自助银行服务

3.0 版与 2.0 版对比明细

序号	2.0 版考核内容	分值	序号	3.0 版考核内容	分值	对比
项目：2.4 自助银行服务		55	项目：2.4 自助银行服务		45	分值由 2.0 版本的 55 分调整为 45 分
44	自助服务区与营业厅内部连通，实现 24 小时服务，外部标识醒目、规范、清洁，中英文对照	5	42	自助服务区域与营业厅内部连通或在同一建筑内，24 小时提供服务，外部标识醒目、规范、整洁，中英文对照	2	放宽要求，“与营业厅内部连通”改为“与营业厅内部连通或在同一建筑内”，分值由 2.0 版本的 5 分调整为 2 分
45	自助服务区配备 3 台（含）以上具备存取款功能的自助机具（其中至少有一台为存取款一体机），1 台（含）以上具有缴费、补登折、打印发票、自助发卡等至少一种功能的自助机具，摆放合理	10	43	自助服务区域配备数量满足客户需求、具备存取款功能的自助机具（其中至少有一台为存取款一体机），一台（含）以上具有缴费、补登折等至少一种功能的自助机具，摆放合理	5	放宽要求，原本“3+1”的数量要求改为“1+1”“数量满足客户需求”，分值由 2.0 版的 10 分调整为 5 分
			44	自助设备编号明晰，维护管理到位	2	新增
46	具有存取款功能的自助机具可受理信用卡、外卡业务，显示屏或机具上规范明示受理外卡的标识，并有中英文显示界面或双语操作提示	5	45	具有存取款功能的自助机具明示人民币冠字号查询标识，标识醒目；可受理信用卡、外卡业务，显示屏或机具上规范明示受理外卡的标识，并有中英文显示界面或双语操作提示	4	增加要求“明示人民币冠字号查询标识，标识醒目”，分值由 2.0 版本的 5 分调整为 4 分
47	自助服务区设置便于客户使用的免拨直通客服电话，标识醒目，中英双语服务，明示操作流程图	5	46	自助服务区域设置便于客户使用的免拨直通客服电话，并实现中英双语服务，标识醒目，操作流程图简明易懂且内容与实际相符	4	增加要求“内容与实际相符”，分值由 2.0 版的 5 分调整为 4 分

（续表）

48	客户进入自助服务区或使用自助机具时，通过屏显、语音适时进行安全、免责及风险等提示	5	47	客户进入自助服务区域或使用自助机具时，通过屏显或语音适时进行安全、免责及风险等提示	4	将“区”调整为“区域”，分值由2.0版本的5分调整为4分
49	自助服务区设置一米线，各机具之间设置遮挡板，或设置封闭、客户独立使用的安全仓及安全区域	5	48	自助服务区域设置一米线等保护客户隐私的功能设施，各机具之间设置遮挡板，或设置封闭、客户独立使用的安全仓及安全区域	4	放宽要求，将“设置一米线”改为“设置一米线等保护客户隐私的功能设施”，分值由2.0版本的5分调整为4分
50	自助服务区设置在录像监控范围内，且客户进入自助服务区、使用自助机具等均在监控范围内	5	49	自助服务区域设置在录像监控范围内，且客户在自助服务区域的活动均在监控范围内	5	将“区”调整为“区域”，强调了客户在自助区域的一切活动
51	自助服务区内每台具备存款、取款、转账功能的自助机具都设置应急呼叫装置（按钮），位置合理，标识醒目，响应及时	5	50	自助服务区域内每台具备存款、取款、转账功能的自助机具设置应急呼叫装置（按钮），位置合理，标识醒目，响应及时	5	将“区”调整为“区域”
52	自助机具完好率达到100%；不能供客户使用时设置暂停服务或相应提示标识并及时排除故障	5	51	自助机具正常运行，不能供客户使用时设置暂停服务或相应提示标识，并及时排除故障	5	将“完好率达到100%”改为“正常运行”，避免了前后矛盾
53	有必要的监测设施与手段，确保加装钞及时、响应客户应急需求（吞卡、钞）及时	5	52	有必要的监测设施与手段，确保加装钞及时、响应客户应急需求（吞卡、钞）及时	5	标准不变

042 自助服务区域与营业厅内部连通或在同一建筑内，24 小时提供服务，外部标识醒目、规范、整洁，中英文对照。（2 分）

检查方式：现场观察。

指标变化：放宽要求，“与营业厅内连通”改为“与营业厅内部连通或在同一建筑内”，分值由 2.0 版本的 5 分调整为 2 分。本条主要放宽了自助服务区域位置的评估标准，采用了更加人性化的评估标准，使得许多原本在建筑硬件方面有所欠缺的网点具备了参选的资格。

重点关注：

- 营业网点外部标识醒目清晰，且实现中英文对照。与同一建筑物内的其他商家 / 公司在标识上区别明显，易于找寻。
- 自助服务区域的卫生问题：

（1）网点日常客流高峰期时，厅堂工作人员往往较忙，无暇顾及对于自助服务区的频繁巡场，而往往此刻也正是自助服务区人员流动最大的时间段，许多被废弃的打印凭条、纸屑会被丢在自助服务区域，如果不及时清理就会成为扣分点。在高峰时段中，请安排保洁人员加强对于自助区域的卫生巡查，确保自助区域卫生达标。

（2）如果自助区域采用小型垃圾桶，则高峰时段垃圾桶满溢速度较快，建议自助服务区客流量较大网点可酌情采用大中型垃圾桶。

（3）如果极个别地区因治安原因（被偷、被破坏、被用于打架斗殴等）无法将垃圾桶放置在自助区域过夜，可在网点结束营业后将垃圾桶回收放置于网点内，亦可将垃圾桶固定在自助区域的某位置，以上建议可视网点实际情况而定。

图片参考：

043 自助服务区域配备数量满足客户需求、具备存取款功能的自助机具（其中至少有一台为存取款一体机），一台（含）以上具有缴费、补登折等至少一种功能的自助机具，摆放合理。（5分）

检查方式：现场观察。

指标变化：放宽要求，原本“3+1”的数量要求改为“1+1”“数量满足客户需求”，分值由 2.0 版本的 10 分调整为 5 分。

重点关注：

- 此次，3.0 版本对于本条内容的修订是基于我国银行网点整体智能化水平显著提高的前提下，对节约资源、合理配置等方面做出的进一步提升要求。但是请注意，放宽设备数量要求的前提是“满足客户需求”，请网点按照自身客流量的实际情况设置自助设备数量，避免高峰时期由于设备数量不足导致客户长时间排队。
- 随着支付方式的迅速发展，支付宝、微信支付等支付手段逐渐改变着人们的支付习惯，现金的使用需求量较之以前有了大幅减少。但是支付习惯的南北方差异还是存在的，总体而言，北方地区对于现金的需求量较南方地区还是大一些的。因此，网点可以根据所在地区的支付习惯等现实情况，酌情配置自助机具的数量。

图片参考：

044 自助设备编号明晰，维护管理到位。（2 分）

检查方式：现场观察、检查相关制度。

指标变化：新增，分值为 2 分。

重点关注：

- 什么是自助设备编号：自助设备编号其实就是该设备的位置码。当客户使用该台自助设备时，一旦出现任何问题而需向银行客服人员求助时，通过报出该台设备的编号（位置码），客服人员可以最快速度掌握客户和设备所在的位置，便于客服人员进行后继的相应处理。
- 设备编号一般会采用数字码，如叠加太多英文字母，客户描述起来非常不便（南北、方言等口音上的差异，使接听者容易混淆字母发音）。此外，请注意，一台自助设备上的设备编号铭牌、屏显设备编号，以及打印单据上的设备编号三者必须一致。
- 加强自助设备的安全维护：近年来，针对银行和银行客户的金融犯罪急剧上升，通过 ATM 实施的盗号、盗密码犯罪屡屡发生。犯罪分子往往利用自助服务区 24 小时无人值守特性，实施犯罪行为，安装盗刷和隐蔽摄像装置。请各网点一定要保持高度警惕，不仅要加强员工的培训以及自助机具的日常巡检，对于保洁、保安人员也要进行一定的安全知识宣讲。此类案件高发地区，建议在自助区域张贴相关安全提示和案例图片。

图片参考：

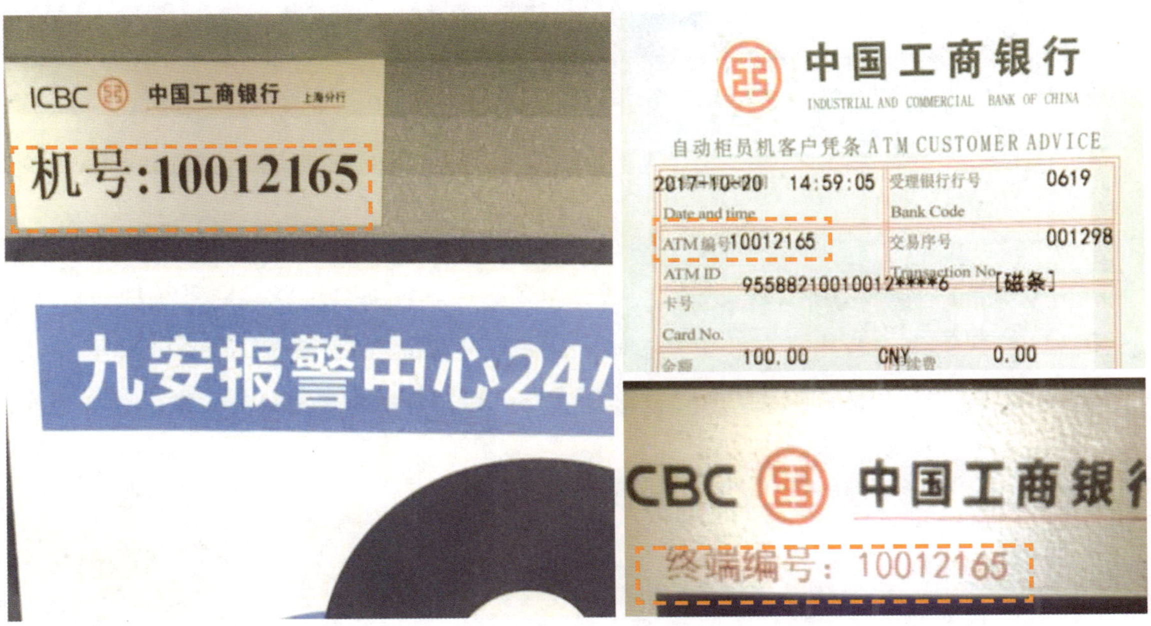

设备编号三者必须一致

自助取款机已加装 S 形出卡窃取卡号口，可防犯罪分子加装读卡设备

案例分享：

地铁车厢识别标识系统（跨行业案例分享）

地铁车厢是实时移动的，那么乘坐地铁时怎么实现定位呢？地铁车厢系统拥有自带的识别标识系统，就好像每一台银行自助机具的唯一标识一样，地铁每一列车厢的标识号也都是独一无二的。地铁车厢号位于车厢内两车厢连接处上端的显示屏两侧，一般 4 或 5 位数字，且有“车厢号”字样（参见案例图片）。

因车厢号具有唯一性，可以准确定位，因此在列车出现故障、车厢内发生突发事件，或者乘客发生意外状况时，乘客可以通过车厢对话装置、手机平台或 110 电话向相关部门进行报告。

案例图片

045 具有存取款功能的自助机具明示人民币冠字号查询标识，标识醒目；可受理信用卡、外卡业务，显示屏或机具上规范明示受理外卡的标识，并有中英文显示界面或双语操作提示。（4 分）

检查方式：现场观察。

指标变化：增加要求“明示人民币冠字号查询标识，标识醒目”，分值由 2.0 版本的 5 分调整为 4 分。

重点关注：

- 人民币冠字号查询系统是监管机构切实落实和实施消费者权益保护的重要措施。在涉及假币纠纷时，通过人民币冠字号码查询功能，消费者可以知道自己的钱是不是从某个银行网点或其自助设备中取出的，银行也可以知道消费者拿来的钱是不是自己支付的，可以明确责任认定。
- 由于各银行、各省市实施时间和推进进度略有不同，目前各家银行对于客户要求查询人民币冠字码的查询时限、查询方式、查询文件都不尽相同，而查询结果也不尽相同，有的银行可以提供全面的用卡及存取款数据查询，而有的银行则提供较为模糊的假币号码倒查服务。针对以上状况，目前，中国人民银行相关部门表示，已经在进行技术改造升级，未来将通过二维码技术将客户存取款人民币的冠字码全面覆盖。
- 人民币冠字号查询标识分类：张贴蓝色标识的机具，是指可实现取款业务信息与冠字号码记录的关联，能够实现提供的冠字号码与现钞能一一对应；张贴黄色标识的机具，则无法向客户提供取出现钞的冠字号码，但可提供业务发生当天（或时段）该设备内各钞箱所有现钞的冠字号码的文本及图像信息，或业务发生时段该柜台取款现钞的冠字号码。总之，蓝色标签的机具是能够即时查询并打印出号码的机器；黄色标签的机具则是可以进行后台查询的。

图片参考：

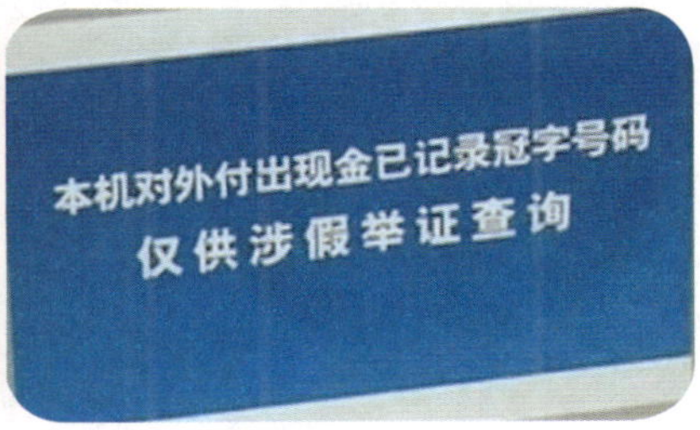

046 自助服务区域设置便于客户使用的免拨直通客服电话，并实现中英双语服务，标识醒目，操作流程图简明易懂且内容与实际相符。（4 分）

检查方式：现场观察。

指标变化：增加要求“内容与实际相符”，分值由 2.0 版本的 5 分调整为 4 分。

重点关注：

- 免拨直通客服电话的设置：建议在电话旁提供中、英文操作流程示意图（有条件的网点可加配菜单设置文字说明），操作流程的图标及说明内容简单清晰、易于理解。流程示意图尽量简单化，建议呈现一级菜单即可。请注意，如果直通客服通电话选择流程发生变化，一定要及时更新操作流程图和文字说明。

图片参考：

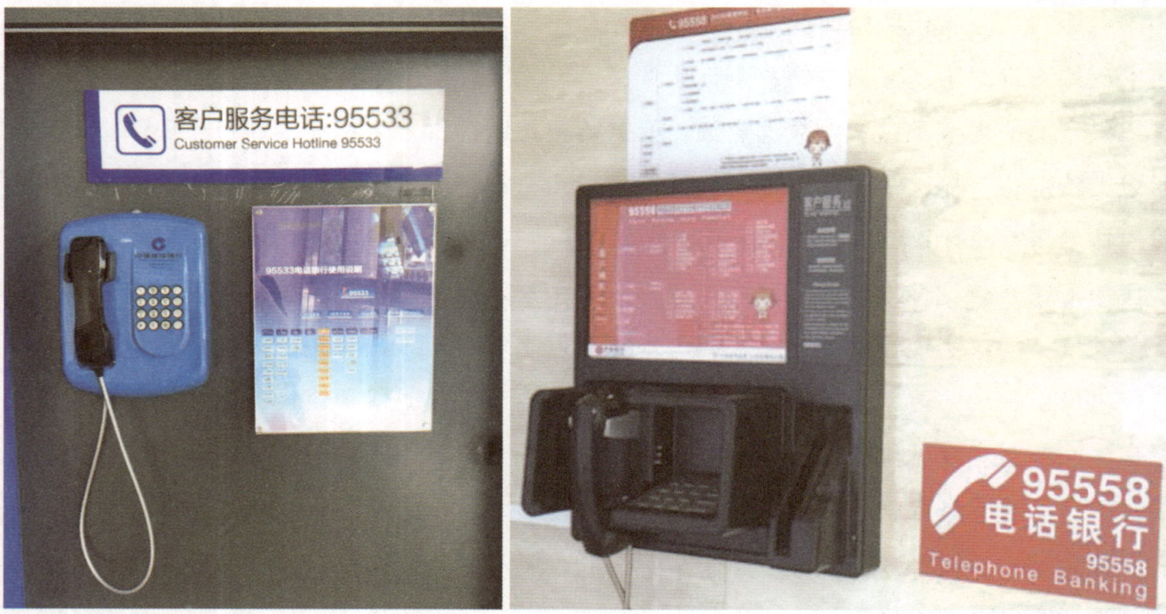

047 客户进入自助服务区域或使用自助机具时，通过屏显或语音适时进行安全、免责及风险等提示。（4 分）

检查方式：现场观察。

指标变化：将“区”调整为“区域”，分值由 2.0 版本的 5 分调整为 4 分。

重点关注：

- 除了人民银行及其派出机构、当地公安机关等机构要求张贴的标准版本风险提示外，网点可以结合当地实际情况制作并张贴更有针对性的风险提示。
- 需在自助服务区域进行相应风险提示，网点可根据自身情况和需求，在以下两种风险提示手段中选择一种，两者有其一即可：

  （1）在自助机具设备的屏幕上显示风险提示相关内容；

  （2）当客户进入自助服务区（或者隔离安全仓）时有红外线感应自动语音提示，语音提示内容大致可包括：注意密码遮挡、注意 ATM 使用安全、注意转账安全、防欺诈等。

图片参考：

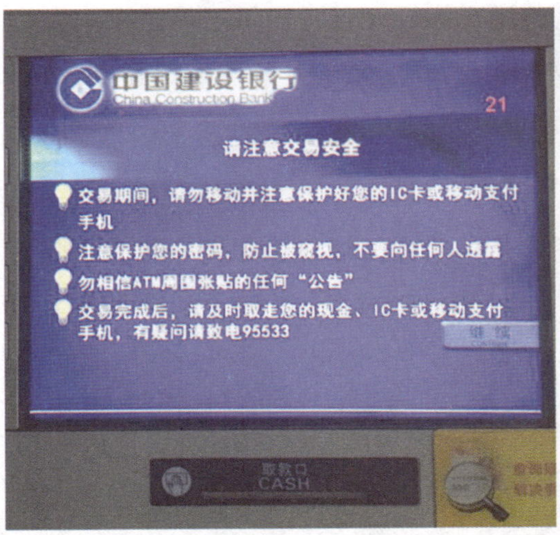

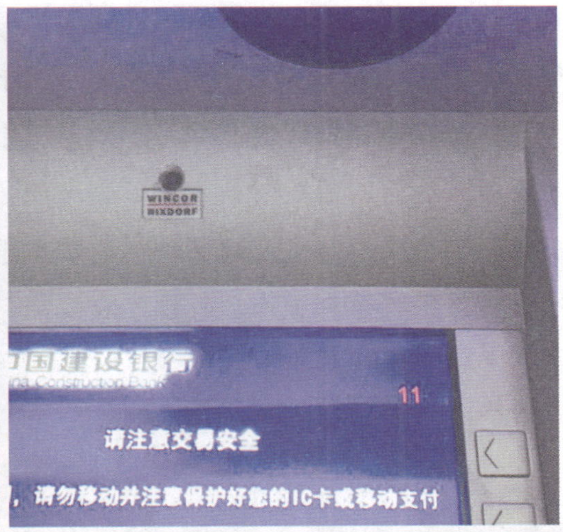

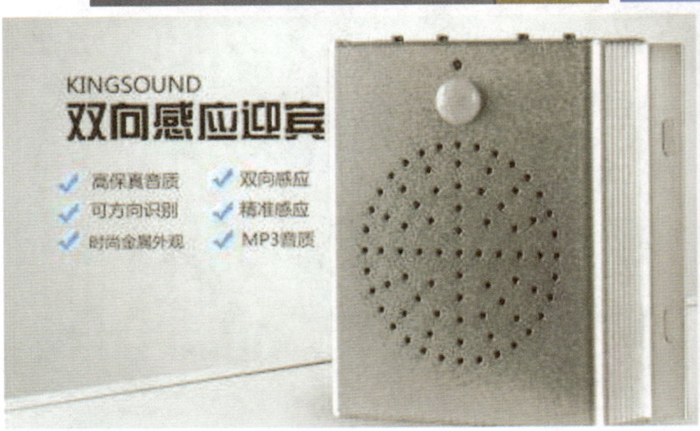

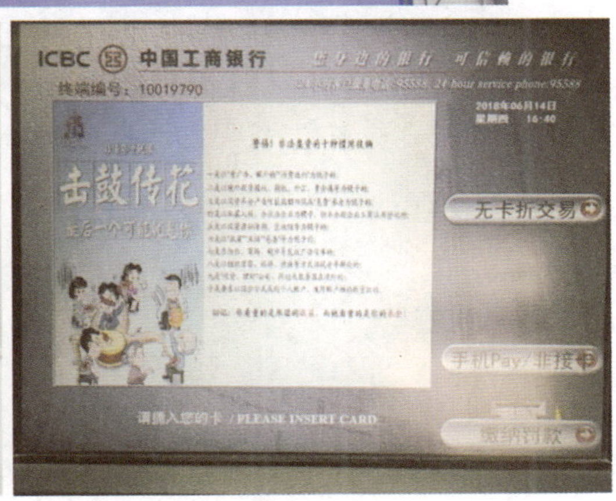

048 自助服务区域设置一米线等保护客户隐私的功能设施，各机具之间设置遮挡板，或设置封闭、客户独立使用的安全仓及安全区域。（4 分）

检查方式：现场观察。

指标变化：放宽要求，将“设置一米线”改为“设置一米线等保护客户隐私的功能设施”，分值由 2.0 版本的 5 分调整为 4 分。

重点关注：

· 保护客户隐私的方式可灵活机动：如果网点已经设置了可封闭的独立空间（如封闭式安全仓、安装门锁装置）等其他形式来保护客户隐私，则可不再设置一米线。

· 各机具之间应设置挡板，但是如果机具摆放呈阶梯形错位设置，则可不用挡板。

· 确保自助服务区内装置设备具有良好的安全性和实用性：由于自助服务区域 24 小时暴露在对外公开的环境中，相比网点厅堂内的设施设备更易受到诸多不确定因素的损耗。且目前网点自助服务区使用的建筑材料中，多为玻璃和不锈钢材质，在遇到某些不良突发事件时，这些建筑材质会带来一些安全隐患。本着防患于未然的态度，请注意做好自助服务区相关设施设备的日常维护和巡查工作，发现问题隐患，及时整修和改进。（例如，不锈钢材质的安全仓在长期使用或遇外力冲击后会出现破损、卷边等情况，容易造成人体和物品的刮伤、划痕，一旦发现类似破损问题请立即安排整修）。

图片参考：

049 自助服务区域设置在录像监控范围内，且客户在自助服务区域的活动均在监控范围内。（5分）

检查方式：现场观察、调阅监控。

指标变化：将“区”调整为“区域”，强调了客户在自助区域的一切活动。

重点关注：

- 由于该项标准的检查涉及调阅监控，请网点做好监控探头的调试，确保没有监控死角。同时请在该区域内张贴相关告示，向客户明示“您已进入电子监控区域内”。

图片参考：

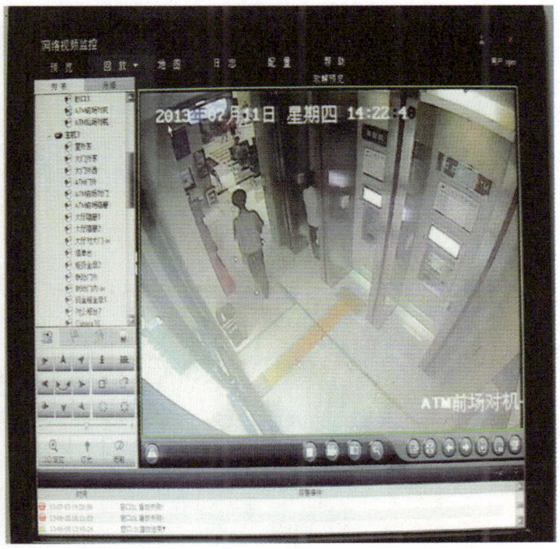

050 自助服务区域内每台具备存款、取款、转账功能的自助机具设置应急呼叫装置（按钮），位置合理，标识醒目，响应及时。（5分）

检查方式：现场观察、现场测试。

指标变化：将“区”调整为“区域”。

重点关注：

- 位置合理：以方便客户使用为放置原则，设置高度以防止儿童误按按钮为合理高度。
- 响应及时：呼叫装置的后台连接方首选是当地公安部门（110），但是处于经济因素和实用性等方面的考虑，实际操作中也可连接到各分行保卫部，但保卫部门需派员24小时值班，及时响应呼叫。
- 请注意，具有转账功能的多媒体设备也应加装应急呼叫装置。

图片参考：

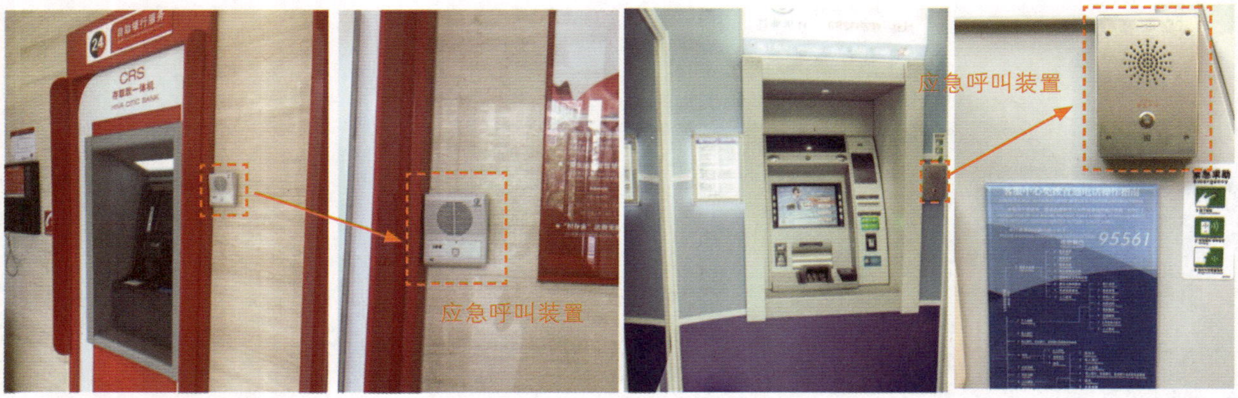

051 自助机具正常运行，不能供客户使用时设置暂停服务或相应提示标识，并及时排除故障。（5分）

检查方式：现场观察、调阅监控。

指标变化：将“完好率达到100%”改为“正常运行”，避免了前后矛盾。

重点关注：

- 自助机具发生故障时，需及时设置“暂停服务”标识。网点应及时协调资源排除故障，注意避免出现同一台自助机具连续两天都放置“暂停服务”标识的状况。

052 有必要的监测设施与手段，确保加装钞及时、响应客户应急需求（吞卡、钞）及时。（5分）

检查方式：现场观察、检查相关制度、现场测试员工、调阅监控。

指标变化：标准不变。

重点关注：

- 对于本条内容的检查方式较为多样化，其中以检查相关制度和现场测试员工为主要手段。请网点做好与自助服务区（含设备）相关的应急处理培训和演练工作，员工需熟练了解相关突发事件、处理步骤、处理原则与各岗位分工联动等内容。
- 网点需确保安装监测设施，对网点内自助机具的钞箱状况进行实时监测。
- 响应及时：

（1）营业时间内如自助服务区发生机具故障、吞卡吞钞等状况，网点工作人员应在第一时间响应到位，并及时安抚客户。

（2）如在非营业时间内发生突发状况，工作人员无法及时赶到故障现场的，可通过远程应急呼叫装置进行及时响应，并参与或指导下一步处理流程。

图片参考：

第三模块

信息管理

DI SAN MO KUAI

3.0 版与 2.0 版对比总图

2.0 版本考核内容	分值	3.0 版本考核内容	分值	对比
第三模块：信息管理	45	第三模块：信息管理	60	分值由 2.0 版本的 45 分调整为 60 分
项目：3.1 服务价格公示	25	项目：3.1 服务价格公示	25	
项目：3.2 服务资讯发布与产品营销宣传	20	项目：3.2 服务资讯发布与产品营销宣传	35	分值由 2.0 版本的 20 分调整为 35 分

核心要点解读

信息管理模块的总分值由 2.0 版本的 45 分，上升到 3.0 版本的 60 分，总体分值增加了 15 分，而增加的 15 分都集中在 3.2 服务咨询发布与产品营销宣传一项内。

3.0 版本的核心思想是提升对于消费者知情权、求偿权的保护和呈现力度，使消费者明确金融产品的真实情况、对应风险、变动情况，以及投诉的渠道、方法和流程等。

请营业网点需做好经营场所内关于产品、服务、价格、渠道等方面的信息公示、呈现位置要一目了然，呈现方式要简洁明了。

3.1 // 服务价格公示

3.0 版与 2.0 版对比明细

序号	2.0 版考核内容	分值	序号	3.0 版考核内容	分值	对比
	项目：3.1 服务价格公示	25		项目：3.1 服务价格公示	25	
54	在营业厅、贵宾（理财）服务区及自助服务区显著位置通过各种方式，向客户公示本区域常用服务价格及免费服务项目表，标识醒目、中英文对照，字体清晰，便于查阅；通过电子屏显渠道公示的，滚动播放，翻页及时	6	53	在营业厅、理财（代销）产品销售、贵宾及自助服务区域显著位置通过至少一种方式，向客户公示本区域常用服务价格及免费服务项目表，标识醒目，中英文对照，字体清晰，便于查阅；通过电子屏显渠道公示的，翻页及时	6	增加要求，在“理财（代销）产品销售”区域公示
55	在营业厅内显著位置摆放本系统全部服务价格目录册，包括对私服务、对公服务、收费项目、免费项目，及时更新，客户查阅方便	6	54	在网点内显著位置摆放或电子显示本系统全部服务价格目录册，包括对私服务、对公服务、收费项目、免费项目，及时更新，客户查阅方便	6	除纸质版之外，电子显示也可得分
56	及时在营业厅显著位置公告服务价格变动信息，明确生效日期	4	55	及时在网点显著位置公告各类服务变更调整、价格变动信息，明确生效日期	4	增加“公示各类服务变更调整”要求
57	在办理收费业务时，工作人员提前告知客户服务项目和收费标准，充分尊重客户知情权；实际收取的服务价格与公告情况相符	5	56	向客户提供服务前，告知收费与否及各个服务环节的计费标准（包括减免优惠政策）和收费金额，充分尊重客户知情权；实际收取的服务费用与公示相符	5	增加并细化要求，增加要求“告知收费与否”“各个服务环节的计费标准（包括减免优惠政策）”
58	客户明确表示不接受相关服务价格的，不得强制客户接受服务，充分尊重客户选择权	4	57	客户明确表示不接受相关服务价格的，不得强制客户接受服务，充分尊重客户自主选择权	4	强调了“客户自主选择权”

053 在营业厅、理财（代销）产品销售、贵宾及自助服务区域显著位置通过至少一种方式，向客户公示本区域常用服务价格及免费服务项目表，标识醒目，中英文对照，字体清晰，便于查阅；通过电子屏显渠道公示的，翻页及时。（6分）

检查方式：现场观察。

指标变化：增加要求，在“理财（代销）产品销售”区域公示。

重点关注：

- 3.0 版本的修订新增了在理财（代销）产品销售区域进行价格公示的要求。修订背景主要是监管机构针对目前多发的金融产品条款及销售纠纷，增加相应信息披露措施，切实推进对于消费者的权益保护。
- 公示位置和内容：建议将营业大厅、贵宾服务区和自助服务区内的服务价格及免费服务项目表上墙张贴，张贴位置醒目，字体大小合适（以正常站位时能够看清楚为准）。此外，建议将中、英文内容分别单列公示，如果将中英文内容放置在一张告示内，字体极小，普通站位时根本无法看清。

图片参考：

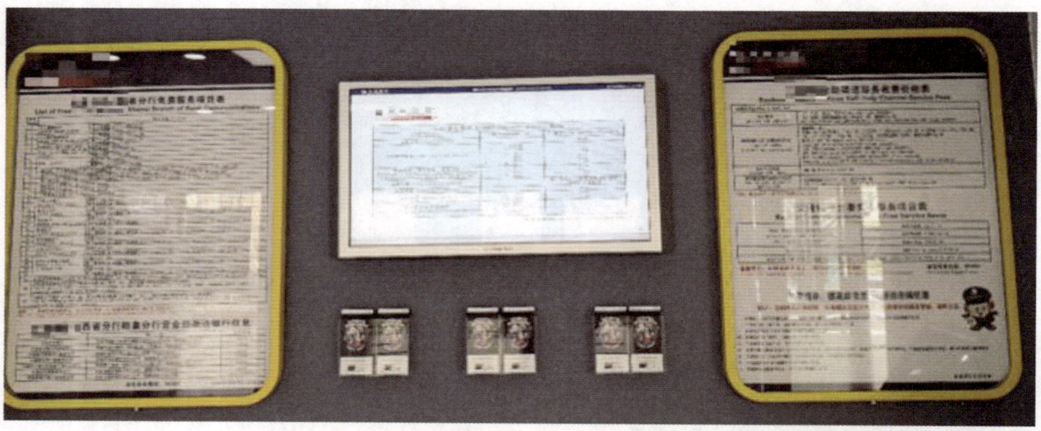

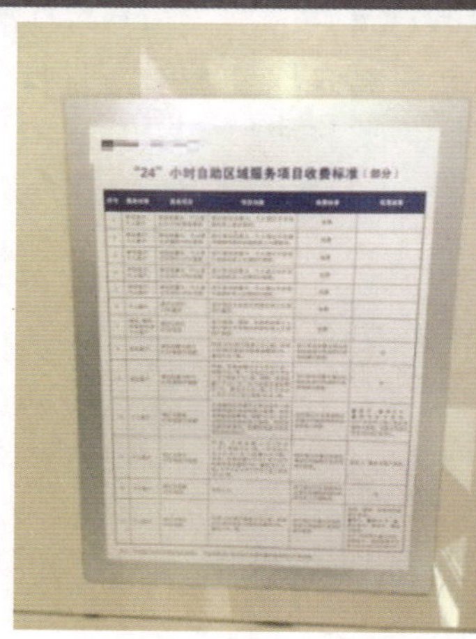

054 在网点内显著位置摆放或电子显示本系统全部服务价格目录册，包括对私服务、对公服务、收费项目、免费项目，及时更新，客户查阅方便。（6 分）

检查方式：现场观察。

指标变化：除纸质版之外，电子显示也可得分。

重点关注：

- 摆放位置：服务价格目录请摆放在网点显著位置，例如入口处的大堂经理接待台、填单台等处，便于客户查阅。
- 形式及内容：如目录册为纸质版本，请注意纸品的干净整齐，无翘边卷边，无缺页或损坏。如为电子版本，请注意客户查阅时的便利度（从客户查阅体验的角度出发，不建议使用电子版本目录）。服务价格目录册只需中文版本即可，无须英文版本。

图片参考：

055 及时在网点显著位置公告各类服务变更调整、价格变动信息，明确生效日期。（4分）

检查方式：现场观察。

指标变化：增加“公示各类服务变更调整”要求。

重点关注：

- 价格变动：及时检查网点上墙价目表中的内容是否有更新变动，如有变动请及时修改，并标注生效日期。
- 服务变更：网点在节假日的对外营业时间需提前公告，如本网点在节假日期间不营业，建议告知本行周边网点的名称、营业时间等信息。

图片参考：

056 向客户提供服务前，告知收费与否及各个服务环节的计费标准（包括减免优惠政策）和收费金额，充分尊重客户知情权；实际收取的服务费用与公示相符。（5分）

检查方式：现场观察、现场测试员工、调阅监控。

指标变化：增加并细化要求，增加要求“告知收费与否”“各个服务环节的计费标准（包括减免优惠政策）”。

重点关注：

- 尊重消费者的知情权：即消费者具有获取真实信息的权利，包括要求公开各类产品或金融服务的一定信息的权利和在法律规定的范围内真实、及时、准确、完整地获得各类信息的权利。知情权是消费者的基本权利，大致分为对金融产品或金融服务的知情权、对交易过程的知情权、对监管政策和信息的知情权以及对相关金融知识的知情权。
- 本项指标的检测方式以现场测试员工及调阅监控为主。因此，要求网点高柜、大堂经理及客户经理各岗位员工均要对于相关标准和政策理解吃透，能够举一反三。此外，本项指标不仅包含对于金融业务的熟悉程度，亦增加了消费者权益保护的要素，希望网点员工加强业务流程与消保的融会贯通，有意识地排查消保盲点，将消保的意识揉到日常工作中。

案例分享：

案例一：海外法规参考

日本针对金融机构的说明义务（即我们理解的消费者知情权），发布了《金融商品销售法》，其中明确规定金融机构销售金融商品时承担说明义务，并强调对于“重要事项”的说明，同时将应说明的重要事项予以类型化。根据该法，金融商品销售者应当向消费者就下列重要事项履行说明义务：其一，由于利息、通货的价格、金融商品市场行情等指标的变动而可能导致本金损失危险的，应当说明该项危险、相关指标以及有关金融商品因为指标变动而直接影响的重要部分。其二，由于金融商品销售者等相关金融机构的业务变动或金融环境的变化而可能产生本金损失危险时，应当就该项风险进行解释，并说明有关当事人的情况。金融机构违反说明义务时，承担无过错责任和直接责任，损害额推定为本金亏损额，以减轻消费者的举证责任。

案例二：良好的工作及销售习惯

有些金融机构为了方便消费者，会将其文本、合同中与费用、期限、申购赎回条件等关键条款加黑加粗或特殊字体突出显示。不知大家是否有印象，在日常生活中，有些商店在为客户刷卡消费后，会将刷卡单上的刷卡金额圈出来，让客户确认后再行签字。如果我们的银行员工也有这样的工作习惯，那相信客户一定会对您刮目相看。

057 客户明确表示不接受相关服务价格的，不得强制客户接受服务，充分尊重客户自主选择权。（4分）

检查方式：现场观察、现场测试员工、调阅监控。

指标变化：强调了“客户自主选择权”。

重点关注：

- 尊重消费者的自主选择权：金融机构应在法律法规和监管规定允许范围内，充分尊重消费者意愿，由消费者自主选择、自行决定是否购买金融产品或接受金融服务，不得强买强卖，不得违背消费者意愿搭售产品和服务，或不得附加其他不合理的条件，不得采用引人误解的手段诱使消费者购买其他产品。
- 近两年来，消费者投诉统计数据显示，关于选择权的投诉主要集中在以下几点：强售边界模糊的各类金融类产品、取消存折、强制消费其他金融产品或服务、贷款搭售或增添附加条款等。

案例分享：

盲人申办信用卡被拒

A先生是一个盲人按摩店的老板，经营状况良好，有稳定收入。某日前去某银行申请办理信用卡，但银行工作人员因其无法正常签字和书写为由拒绝为其办理，A 先生认为银行拒绝办理是对盲人的歧视，遂致电人民银行当地分行进行投诉。

人民银行某市中心支行金融消费权益保护中心接到投诉后，经调查发现 A 先生所述属实，其资产状况符合银行规定的资信条件，但因 A 先生是盲人，银行根据信用卡发卡管理办法规定，办理信用卡时需本人填写办理信用卡的申请资料，并要本人签字，另外还要本人手抄一段承诺书，由于盲人不方便手写，自然就无法办理信用卡。但是，人民银行认为上述规定只是从健康人的角度出发，没有考虑到盲人等用户的需求。依据有关法律法规，盲人只是行为受到了限制，但权利并没有丧失。对于盲人本人不能签字的问题，银行可通过翻译成盲文或进行语音提示等多种方式来方便盲人客户，而不是以对方无法签字为由拒绝其办卡申请。随后该银行按照常规程序提交了 A 先生的信用卡申请。

3.2 // 服务资讯发布与产品营销宣传

3.0 版与 2.0 版对比明细

序号	2.0 版考核内容	分值	序号	3.0 版考核内容	分值	对比
项目：3.2 服务资讯发布与产品营销宣传		20	项目：3.2 服务资讯发布与产品营销宣传		35	分值由 2.0 版本的 20 分调整为 35 分
59	以电子屏显公示或电子自助查询系统、行情分析系统查询等形式，向客户提供本外币存贷款利率、外汇牌价、基金净值、贵金属价格等信息，电子屏显播放与银行业务有关的信息资讯或时事、财经新闻，设备运行正常、滚动翻页及时	6	58	以电子屏显公示或电子自助查询系统、行情分析系统查询等形式，向客户提供本外币存贷款利率、外汇牌价、基金净值、贵金属价格等信息，电子屏显播放与银行业务有关的信息资讯或时事、财经新闻，设备正常运行、翻页及时	6	将“设备运行正常、滚动翻页及时”调整为“设备正常运行、翻页及时”
			59	适当位置公示本网点业务联系（消费者权益保护）电话号码和消费者投诉处理流程图，通过电子屏显渠道公示的，翻页及时	3	将 2.0 版本第 19 条的部分移至此处并增加要求“适当位置公示消费者投诉处理流程图”，可以通过电子屏显公示，要求翻页及时

（续表）

			60	为客户提供查询金融产品信息的渠道和相关服务，方便客户通过本行产品信息查询平台，查询全部在售及存续期内金融产品的基本信息、风险信息变动情况，使客户能够明确区分本行自有产品和代销产品	5	新增
60	在公众教育、贵宾服务（理财区、室）等服务区域，利用公告栏、柜员告知、电子自助查询系统等方式进行明显的投资、理财业务风险提示，标识醒目	5	61	设置理财（代销）产品销售专区明显标识，在该区和公众教育、贵宾服务等区域的显著位置以醒目字体提醒客户购买产品前应先通过产品查询平台确认、了解产品相关信息，并进行风险提示	5	明确要求“设置理财（代销）产品销售专区标识”，将风险提示的要求明确为醒目字体，提醒客户购买前查询产品平台确认、了解产品信息
			62	在理财（代销）产品销售专区公示销售人员资质信息、咨询举报电话号码，便于确认产品属性及相关信息，举报违规销售、私售产品等行为	5	将 2.0 版本第 100 条部分移至此处，并新增要求“咨询举报电话号码，便于确认产品属性及相关信息，举报违规销售、私售产品等行为”
61	营业厅内各类宣传资料摆放充足、整齐，无卷角翘边现象，依次摆放，展示有序	3	63	网点内各类宣传资料依次整齐摆放，无卷角翘边现象，展示有序；区分营销推介和公益宣传，且产品宣传材料能真实、全面地反映产品的主要特性，严禁夸大收益率或隐瞒重要风险信息	5	调整了相关要求的语句，增加要求“区分营销推介和公益宣传，且产品宣传材料能真实、全面地反映产品的主要特性，严禁夸大收益率或隐瞒重要风险信息”，分值由 3 分调整为 5 分
62	营业厅内产品宣传内容符合有关规定，无摆放赠送物品，无诋毁、贬低同业、误导客户现象，更新及时，明示清晰	6	64	网点内产品宣传内容符合有关规定，产品名称不得使用带有诱惑性、误导性或易引发争议的语言，无虚假、过期宣传，无摆放赠送物品，无诋毁、贬低同业、误导客户现象，更新及时，明示清晰	6	增加要求“产品名称不得使用带有诱惑性、误导性或易引发争议的语言，无虚假、过期宣传”

058 以电子屏显公示或电子自助查询系统、行情分析系统查询等形式，向客户提供本外币存贷款利率、外汇牌价、基金净值、贵金属价格等信息，电子屏显播放与银行业务有关的信息资讯或时事、财经新闻，设备正常运行、翻页及时。（6分）

检查方式：现场观察。

指标变化：将“设备运行正常、滚动翻页及时”调整为“设备正常运行、翻页及时”。

重点关注：

· 各种资讯系统的设置及呈现：目前营业网点日常运营中，常规的资讯发布设备基本已经齐备，但是在解决了“有没有、全不全”的问题后，应该进一步思考一下“美不美”。例如，有的网点厅堂面积有限，但是却在墙面上壁挂了四五台大尺寸显示屏幕，滚动和闪烁的屏幕不知不觉中成为光污染，久处其中会令人有眼部不适的感觉。

建议从客户体验的角度出发，根据各自网点的人群和业务特色，对于资讯发布内容进行合理搭配。

图片参考：

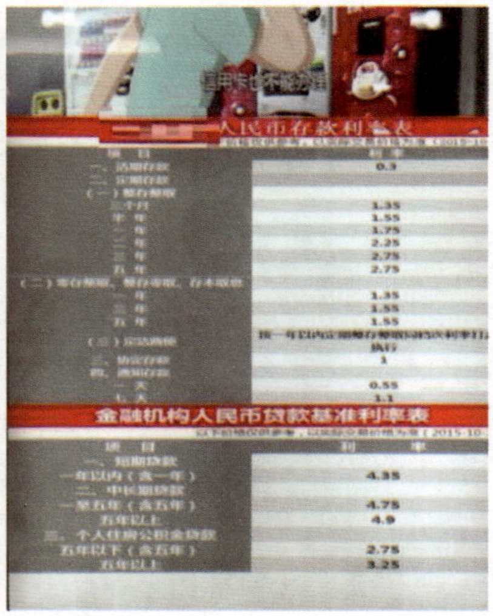

059 适当位置公示本网点业务联系（消费者权益保护）电话号码和消费者投诉处理流程图，通过电子屏显渠道公示的，翻页及时。（3分）

检查方式：现场观察、现场测试员工。

指标变化：将2.0版本第19条的部分移至此处并增加要求“适当位置公示消费者投诉处理流程图”，可以通过电子屏显公示，要求翻页及时。

重点关注：

· 本条指标内容着重体现了对消费者依法求偿权的保护。消费者的依法求偿权：金融机构应当切实履行消费者投诉处理主体责任，在机构内部建立多层级投诉处理机制，完善投诉处理程序，建立投诉办理情况查询系统，提高消费者投诉处理质量和效率，接受社会监督。

　　由于金融产品具有无形性、风险性、专业性等特征，使得消费者无法仅凭生活经验进行判断，所以较之一般消费者，消费者的权益更易受到伤害。而我国的消费者自身缺乏必要的金融知识和维权意识，本项所呈现的内容也正是一个投资者教育的过程。

· 呈现内容和方式：消费者投诉处理流程图在内容制作上要求直观、易懂，呈现方式友好、明朗。通过电子显示屏渠道进行消保相关信息和内容公示时，请注意屏幕翻页及时。有的屏显设备内置的内容过多，导致阅读者站立许久仍未翻页到消保相关内容，易导致考评中失分。

图片参考：

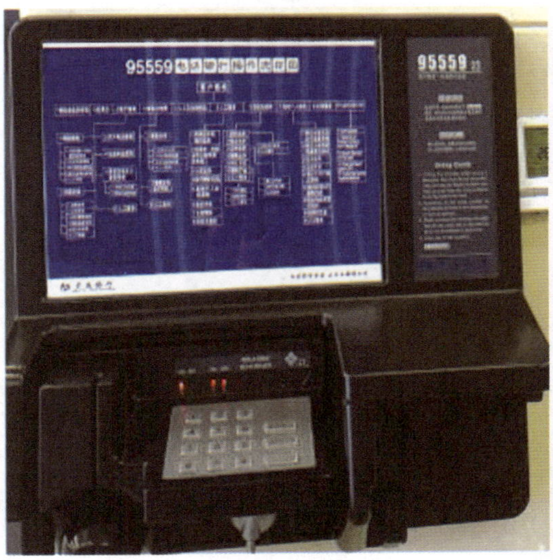

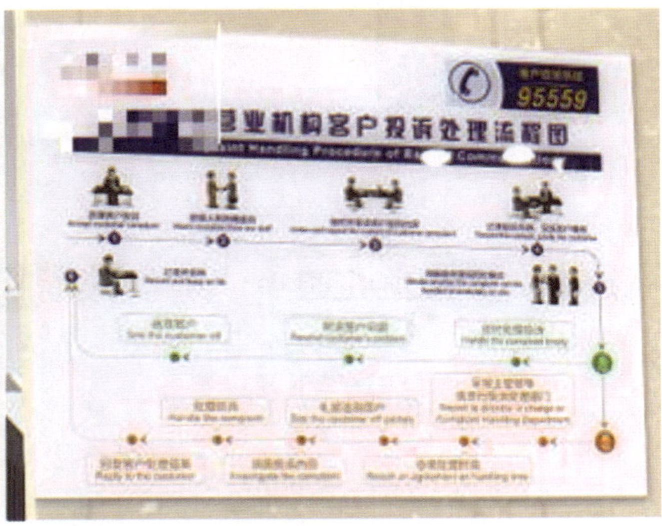

案例分享：

其他行业投诉流程图参考：

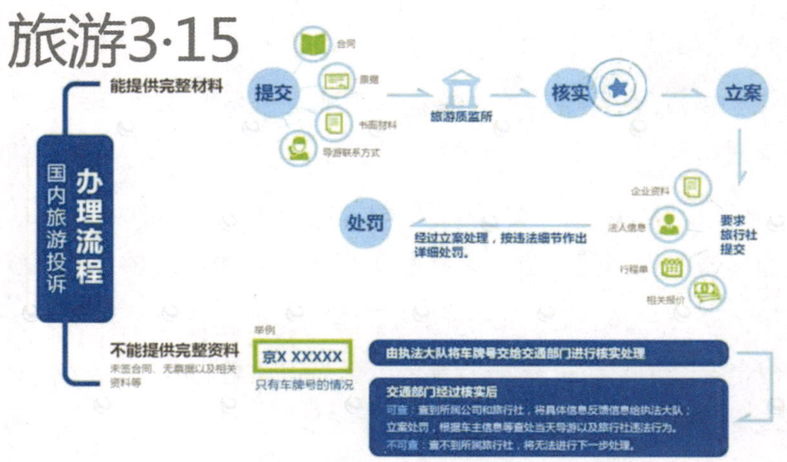

信息来源：北京市旅游发展委员会质监所、云南省旅游发展委员会执法大队

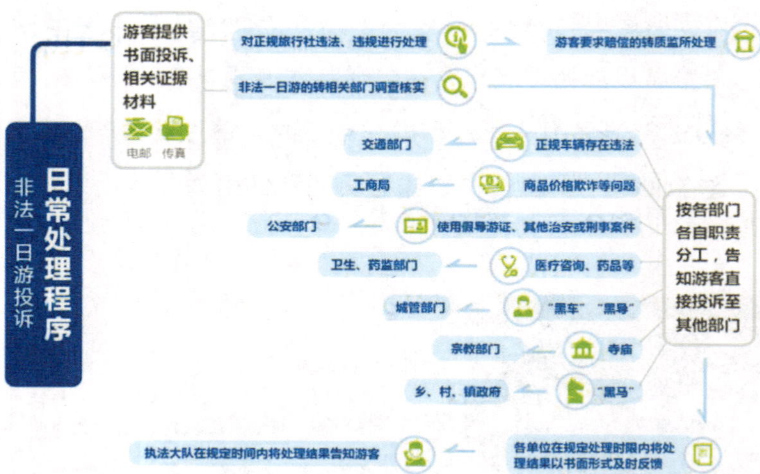

出游提醒

1. 游客出游时应参加正规旅行社，签订正规旅游合同，旅途中注意保存所消费的票据、时常记录信息等。
2. 投诉地点应为签约旅行社所在地。
3. 遇到违法行为时要在三个月内提起投诉，三个月内投诉以正常的投诉流程办理，超过三个月将以司法流程处理。
4. 外出游玩应文明出行，尊重当地的风俗习惯、法律法规等。

消费者投诉举报专线电话：12315
旅游服务热线：12301

单位	投诉电话	单位	投诉电话
国家旅游局质检所	010-65201114	吉林质监所	0431-85653030
北京执法大队	010-65150198	黑龙江质监所	010-65150190
天津质监所	022-28359093	江苏质监所	025-83418185
上海质监所	021-64393615	浙江质监所	0571-85117419
重庆质监所	023-63866315	安徽质监所	0551-2821763
河北质监所	0311-85814239	福建质监所	0591-87535640
山西质监所	0351-7325012	江西质监所	0791-6269965
内蒙古质监所	0471-6282653	山东质监所	0531-82963423
辽宁质监所	024-86230222	西藏质监所	0891-6834193
河南质监所	0371-65506775	云南质监所	0871-64608315
湖北质监所	027-87124701	陕西质监所	029-85261437
湖南质监所	0731-4717614	甘肃质监所	0931-8826860
广东质监所	020-22386699	青海质监所	0971-6159841
广西质监所	0771-5529315	宁夏质监所	0951-6723298
海南质监所	0898-65358451	新疆质监所	0991-8831902
四川旅游执法总队	028-86657308	贵州质监所	0851-6818436

060 为客户提供查询金融产品信息的渠道和相关服务，方便客户通过本行产品信息查询平台，查询全部在售及存续期内金融产品的基本信息、风险信息变动情况，使客户能够明确区分本行自有产品和代销产品。（5 分）

检查方式：现场观察 。

指标变化：新增，分值为 5 分。

重点关注：

- 本条为 3.0 版本新增指标，重点强调应使客户明确金融产品的风险变动情况，并区分本行自有产品和代销产品。其实此项措施亦是消费者权益保护措施的重要体现，主要旨在保障消费者的知情权。
- 各金融机构应建立统一的产品信息查询平台（形式不限于：电子终端、电子移动手持终端、纸质产品目录等）。

（1）平台内收录全部在售及存续期内的金融产品（含私募产品）的基本信息。凡未收录在信息查询平台中的产品，一律不得对外销售。

（2）产品信息查询平台应建立产品分类目录，严格区分自有与代销、公募与私募等不同产品类型，并充分披露产品信息，可涵盖产品类型、发行机构、风险等级、合格投资者范围、收费标准等内容。

（3）建议该查询平台界面设计友好，便于客户查询和操作。

图片参考：

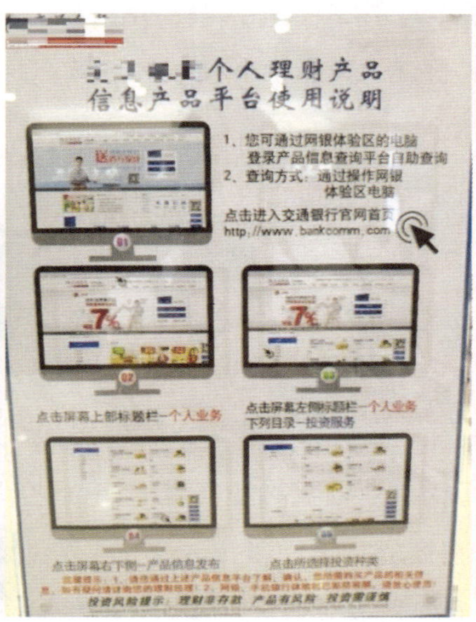

案例分享：

其他行业如何保障客户知情权

案例一：日常工作生活中，当我们使用网页搜索引擎时，获得搜索结果是含有部分广告内容的。2013 年中，美国联邦贸易委员会（FTC）更新了一份发布于 2002 年——将广告和普通搜索结果区分开的指南，要求所有的搜索引擎需要明确标明，哪些搜索结果是广告。具体要求为：为了避免广告与普通搜索结果混淆，搜索引擎应当使用视觉提示、标签或其他技术，明确指出哪些条目是广告，无论搜索结果位于普通网页、社交媒体、移动应用、移动设备的语音助理，还是专门搜索结果中。

目前，国内的搜索引擎在保障客户知情权方面也有了显著的改进，大家可以逐渐发现许多搜索结果后面被标注了“广告”字样。

案例二：许多电商巨头在其平台上都同时销售自营商品和店中店商品。但是当我们浏览这些网页时，我们可以清晰地看到每个商品下面标注有“XX 自营”“YY 品牌专卖店”等字样，这些表示可以使消费者清晰地分辨出该款商品是平台自营产品还是店中店售卖的产品。

061 设置理财（代销）产品销售专区明显标识，在该区和公众教育、贵宾服务等区域的显著位置以醒目字体提醒客户购买产品前应先通过产品查询平台确认、了解产品相关信息，并进行风险提示。（5 分）

检查方式：现场观察、调阅监控。

指标变化：明确要求“设置理财（代销）产品销售专区标识”，将风险提示的要求明确为醒目字体，提醒客户购买前查询产品平台确认、了解产品信息。

重点关注：

- 本条关键点：网点的产品销售行为应当在销售专区内进行，不得在销售专区外进行任何产品销售活动。同时要在销售区域内配有“销售专区”“录音录像”字样的明显标识，并在区域显著位置以醒目字体提醒消费者可通过信息查询平台、网站或其他媒介了解产品的相关信息，并进行明确的风险提示。
- 本条着重体现了对消费者的知情权和受教育权的保护。

（1）消费者的受教育权：金融机构应当进一步强化消费者教育，积极组织或参与金融知识普及活动，开展广泛、持续的日常性消费者教育，帮助消费者提高对金融产品和服务的认知能力和自我保护能力，提升消费者金融素养和诚实守信意识。

（2）与消费者的其他权利比较，受教育权在消费者权利体系中处于较为基础的位置。

通过有效的金融消费知识教育，具备一定金融知识的消费者能够对自身的金融消费活动产生积极影响，从而降低自身权利受到侵害的概率，在权利受到侵害后，也能够有效维护自身合法权益。

图片参考：

案例分享：

英国金融消费者教育体系的内容和经验

（1）英国对金融消费者的保护起始于对现状的调查研究。

1998 年，英国金融管理局（FSA）进行了大规模的金融市场调查，在调查中发现消费者的金融知识普遍缺乏，对金融产品和服务的特点无法充分理解，金融抉择具有盲目性，缺乏对金融风险的预测和防范。

（2）设立专门机构统一协调，财政、基金专项支持。

2010 年 4 月，作为对经济危机反思后的解决思路，英国成立了“消费者金融教育局”（CFEB），系统、全面、独立地开展英国消费者教育工作。英国金融管理局还设立“基金”支持、鼓励在金融知识普及方面做出贡献的机构和个人。

（3）教育资源整合、加强部门间协作。

英国已经形成政府联动、金融机构主动承担义务、社会组织积极配合、纠纷解决机构保障到位的良好局面。在推进中小学“学习金融知识”计划中，英国金融能力指导委员会联合政府教育部门全面开展未成年人金融教育工作，并修订《国民教育教学大纲》，将个人理财教育放在更为重要的地位。在“帮助年轻人树立理财观”方案中工作小组成功地与高等院校、公共部门等有关机构开展合作，通过提供学习工具和相关培训帮助这些机构培养年轻人的个人理财能力。金融管理局还通过派遣专家深入到雇员工作场所，进行免费的金融知识讲座的方式与更多的企业建立起各种联合教育模式。同时还将设立公益性质的金融咨询服务公司，并提倡政府部门、志愿机构，甚至是商业性质的机构等有能力提供此类服务的机构，都可以向低收入消费者提供此类公益服务。

（4）有针对性的、内容丰富的金融消费者教育体系。

英国的金融消费者教育工作的一个突出特点是针对不同的对象群体，设置适当的教育内容，从而形成一个注重群体特点、更有针对性的内容丰富的教育体系。例如：针对中小学学校教育，采用的是"学习金融知识"计划，旨在向金融知识最缺乏的中小学生普及金融常识，教育内容主要围绕金融行为、消费心理和金融常识性教育展开，是对国民金融知识基础性的提升。通过"帮助年轻人树立理财观"的计划对年轻人开展个人理财教育。教育内容也扩展到对金融消费规律的认识、基本理财产品的选择、金融风险的辨识和防范等。针对工作场所中的广大雇员，指导委员会又推出"用好每一分钱"计划，由指导委员会派遣专家亲临雇员工作场所免费讲解个人财务预算、负债管理、财务长远规划等。针对新婚夫妇则推出了侧重家庭理财教育的"钱袋子"工程，讲授雇员应享受的待遇、政府的各种扶持政策、儿童早期金融知识教育等。

（5）多样化途径，打造全方位、多层次的金融消费者教育系统。

通过实施这些计划和为低收入人群提供公益性金融信息咨询，英国基本上建立了一整套"完整生命周期式"的金融消费者教育体系，并且通过家庭启蒙、学校教育、社会教育、培训咨询、知识讲座、上门服务、网络传播、信息咨询、各种媒体资源宣传等各种途径和手段形成了一套灵活多样，人性化的沟通机制设计。英国还主要通过"互联网服务供应商"、婚介网站、妇女杂志等非金融渠道进行金融知识宣传。为帮助消费者管理个人财务，指导委员会还推出了两种在线工具："金融体检"（financial health check）和"债务测试"（debt test）。

062 在理财（代销）产品销售专区公示销售人员资质信息、咨询举报电话号码，便于确认产品属性及相关信息，举报违规销售、私售产品等行为。（5分）

检查方式：现场观察、调阅监控。

指标变化：将2.0版本第100条移至此处，并新增要求"咨询举报电话号码，便于确认产品属性及相关信息，举报违规销售、私售产品等行为"。

重点关注：

· 金融机构销售人员应当具有经认证的理财及代销业务相应资格，并在专区内对销售人员及其销售资质进行公示。除本机构工作人员外，禁止其他任何人员在银行营业场所开展任何营销活动。

· 在理财（代销）产品销售专区公示举报电话：鼓励客户对误导销售、私授产品等违规行为进行举报。

· 本条体现了对消费者的依法求偿权、知情权等多项权利的保护。

图片参考：

063 网点内各类宣传资料依次整齐摆放，无卷角翘边现象，展示有序；区分营销推介和公益宣传，且产品宣传材料能真实、全面地反映产品的主要特性，严禁夸大收益率或隐瞒重要风险信息。（5 分）

检查方式：现场观察。

指标变化：调整了相关要求的语句，增加要求“区分营销推介和公益宣传，且产品宣传材料能真实、全面地反映产品的主要特性，严禁夸大收益率或隐瞒重要风险信息”，分值由 2.0 版本的 3 分调整为 5 分。

重点关注：

· 应将公众教育区与营销材料展示区分开陈列：

（1）即使网点厅堂场地面积有限，也要避免在公众教育区的墙面或者区域内，同时放置业务宣传单或者产品说明折页。

（2）有些网点为实现客户等候时的交叉营销，制作专门的“椅背插页袋”放置在等候椅上，以便客户在等候时取阅。建议插页袋应放置同一类型的宣传折页，不要将公益折页与业务折页混合放置。

· 产品宣传折页内容合规：我国《广告法》第二十五条第一项明确规定，不得“对未来效果、收益或者与其相关的情况作出保证性承诺，明示或者暗示保本、无风险或者保收益等，国家另有规定的除外”的规定。

图片参考：

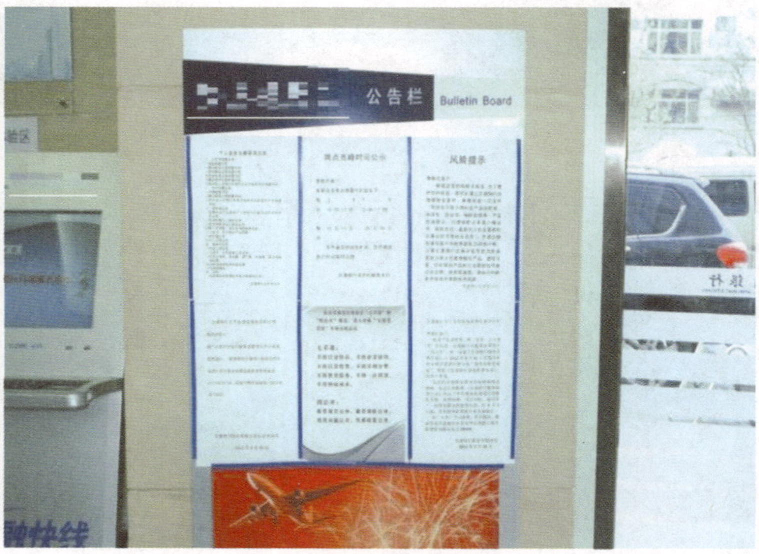

064 网点内产品宣传内容符合有关规定，产品名称不得使用带有诱惑性、误导性或易引发争议的语言，无虚假、过期宣传，无摆放赠送物品，无诋毁、贬低同业、误导客户现象，更新及时，明示清晰。（6 分）

检查方式：现场观察。

指标变化：增加要求“产品名称不得使用带有诱惑性、误导性或易引发争议的语言，无虚假、过期宣传”。

重点关注：

- 产品销售所需的营销推介资料，其内容应真实、合法、全面地反映产品的主要属性，严谨使用诱惑性、误导性的文字夸大收益或隐瞒重要信息。
- 避免在网点公共区域内摆放活动赠品（如粮油米面等），但各行的信用卡积分兑换礼品不在此列，可以陈列在网点中。
- 宣传材料的内容和宣传口号需符合《新广告法》的规定：2016 年 9 月，号称史上最严的新广告法正式实施，根据新广告法规定，任何广告和宣传资料在使用到以下词汇时需慎重：

（1）与“最”有关：最赚、最优、最优秀、最后一波等。

（2）与“一”有关：中国第一、全网第一、销量第一、排名第一、仅此一次等。

（3）与“级 / 极”有关：国家级、世界级、顶级（顶尖 / 尖端）、终极、极致等。

（4）与“首 / 家 / 国”有关：全国首发、独家、首次、全国销量冠军等。

（5）与品牌有关：领导者、缔造者、至尊、巅峰等。

（6）与虚假陈述有关：史无前例、100%、精准等。

（7）与权威有关：特供、专供、专家推荐等。

（8）与欺诈有关涉嫌欺诈消费者：全民免单、点击有惊喜、领取奖品等。

（9）涉嫌诱导消费者：秒杀、抢爆、再不抢就没了、万人疯抢等。

（10）与时间有关：倒计时、仅限、闪购等。

（11）严禁使用：随时结束、随时涨价、马上降价。

图片参考：

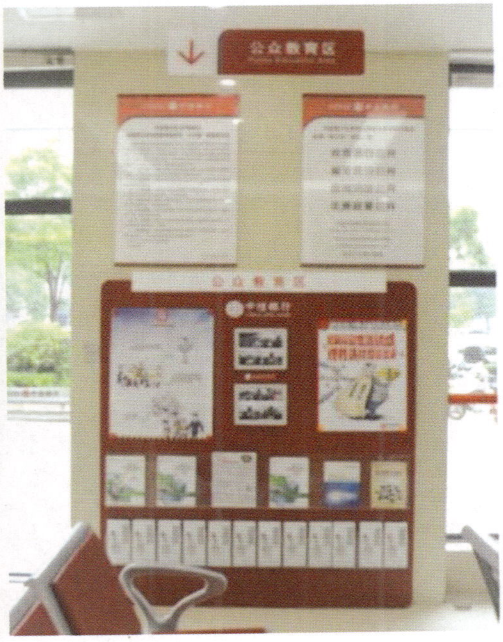

案例分享：

虚假广告实例

大家在日常生活中一定看到过类似以下的宣传文字，请注意，这些营销语言和方式在银行宣传工作中应该予以避免：

（1）某消费类产品广告中宣称："下单即享八折"，当客户兴冲冲地前去购买时，营业员会将广告底部一行很小的字指出来，"每订单优惠上限20元"。

（2）某电信产品广告中宣传：一次充值满2000元立即返现200元。但是当客户真的签订销售协议时，会被告知，这200元要分24个月等额返还，每月只能返还8.3元。

（3）某互联网理财平台，与多家银行签订了资金托管协议后，对外则宣称：与上述银行全部有密切的业务合作往来，共同销售产品、管理资金。俨然将银行绑架后为其增加信用担保。

第四模块

大堂管理

DI SI MO KUAI

3.0 版与 2.0 版对比总图

2.0 版本考核内容	分值	3.0 版本考核内容	分值	对比
第四模块：大堂管理	140	第四模块：大堂管理	145	分值由 2.0 版本的 140 分调整为 145 分
项目：4.1 大堂服务	60	项目：4.1 大堂服务	70	分值由 2.0 版本的 60 分调整为 70 分
项目：4.2 大堂管理	60	项目：4.2 大堂管理	65	分值由 2.0 版本的 60 分调整为 65 分
项目：4.3 安保、保洁与第三方驻点人员管理	20	项目：4.3 安保、保洁人员管理	10	分值由 2.0 版本的 20 分调整为 10 分，由于监管要求不允许第三方驻点人员进入网点，删除第三方驻点人员相关要求

核心要点解读

大堂经理模块的总分值由 2.0 版本的 140 分，调整为 3.0 版本的 145 分，总体调整幅度不大。

3.0 版本在本模块的考核内容中对于大堂经理服务能力和管理能力方面的整体素质和把控能力提出了更高、更明确的要求。例如，要求大堂经理提升应对各种突发事件、业务场景的知识储备及处理能力；要求大堂经理提升经营风险意识、风险知识储备和风险识别能力；要求大堂经理增加对于不同客户群体的了解，熟悉相关制度和服务流程，等等。

建议大堂经理从客户的角度去体验客户进入网点后的每一个接触点，更好地了解客户、想客户所想、急客户所急；了解客户与网点硬件设施、网点员工的每一个接触点，在这些接触点下，客户希望得到怎么的应对和服务。银行业素来就有“赢在大堂”的说法，一名优秀的大堂经理就是网点厅堂的“定海神针”。

4.1 // 大堂服务

3.0 版与 2.0 版对比明细

序号	2.0 版考核内容	分值	序号	3.0 版考核内容	分值	对比
项目：4.1 大堂服务		60	项目：4.1 大堂服务		70	分值由 2.0 版本的 60 分调整为 70 分
63	规范设置大堂经理（咨询引导）台，台面整洁，提示牌等相关物品摆放有序，有专人负责，便于引导、分流、观察与识别客户	5	65	规范设置大堂经理（咨询引导）台，大堂服务人员热情主动接待客户，微笑示意并问候，询问需求，引导、分流客户	10	将 2.0 版本第 63、64 条合并，分值由两条共 15 分调整为 10 分。将对于大堂经理（咨询引导）台相关物品摆放等要求合并至 3.0 版本第 5 条物品定位要求中
64	大堂服务人员热情主动接待客户，微笑示意并问候，询问需求，引导取号、有效分流	10				
65	大堂服务人员实行移动式服务，进行营业厅及自助服务区现场巡视，当客户需要帮助时主动提供帮助	10	66	大堂服务人员实行移动式服务，主动进行营业厅、电子（智能）银行及自助服务区域现场巡视，当客户需要帮助时及时提供帮助	10	增加对进入电子（智能）银行区域现场巡视要求
			67	大堂服务人员持续履职，离开大堂经理台为客户提供服务时摆放“大堂经理巡视中”提示牌，确保客户能够找到大堂经理等相关岗位人员寻求帮助	8	新增
66	大堂服务人员熟知业务种类、产品特性、办理流程等，准确熟练向客户介绍产品或营销推介至相关工作人员	5	68	大堂服务人员熟知业务种类、产品特性、办理流程等，准确熟练向客户介绍产品或营销推介至相关工作人员；能够识别客户办理业务受欺诈风险隐患，进行稳妥有效处理	12	增加要求“能够识别客户办理业务受欺诈风险隐患，进行稳妥有效处理”，分值由 2.0 版本的 5 分调整为 12 分
67	大堂服务人员主动指导客户填写业务单据，必要时帮助客户复印相关证件，注意保护客户隐私	5	69	大堂服务人员主动指导客户填写业务单据，必要时帮助客户复印相关证件，注意保护客户隐私	5	标准不变

（续表）

68	大堂服务人员主动与客户进行交流，目视对方，态度诚恳、耐心回复咨询，语言通俗易懂	5	70	大堂服务人员主动与客户进行交流，目视对方，态度诚恳、耐心回复咨询，语言通俗易懂	5	标准不变
69	大堂服务人员主动进行二次分流，及时响应并解决客户诉求，提供必要的安抚服务，预防投诉发生	10	71	大堂服务人员主动进行二次分流，及时响应并解决客户诉求，提供必要的安抚服务，预防投诉发生	8	标准不变，分值由 2.0 版本的 10 分调整为 8 分
70	大堂服务人员主动为特殊群体客户提供便利服务，积极协助特殊群体客户办理业务	8	72	大堂服务人员熟悉特殊群体客户服务的相关制度及工作流程，主动为其提供便利，积极协助其办理业务	10	新增要求“大堂服务人员熟悉特殊群体客户服务的相关制度及工作流程”，分值由 2.0 版本的 8 分调整为 10 分
71	客户离开时大堂服务人员主动向客户道别或示意	2	73	客户离开时大堂服务人员主动向客户道别或示意	2	标准不变

065 规范设置大堂经理（咨询引导）台，大堂服务人员热情主动接待客户，微笑示意并问候，询问需求，引导、分流客户。（10 分）

检查方式：现场观察、调阅监控。

指标变化：将 2.0 版本第 63、64 条合并，分值由两条共 15 分调整为 10 分。将对于大堂经理（咨询引导）台相关物品摆放等要求合并至 3.0 版本第 5 条物品定位要求中。

重点关注：

· 随着智能网点和智能设备的普及，大堂经理的引导分流工作将更加多元化，例如：多渠道预约排队系统的使用（手机银行、微信服务端等）、智能设备分流管理等；同时，智能化程度越高的网点，可供客户选择的预约方式就越多，这对于大堂经理是新的挑战，需要其具备相应的统筹管理能力，并提升灵活应变度。

· 由于智能设备的推出和广泛使用，有些通过智能设备办理的业务都需要大堂经理进行授权确认，所以大堂经理要处理好分流引导与授权确认的相互兼顾，不能顾此失彼。

· 两次分流引导的标准流程：参看下图。

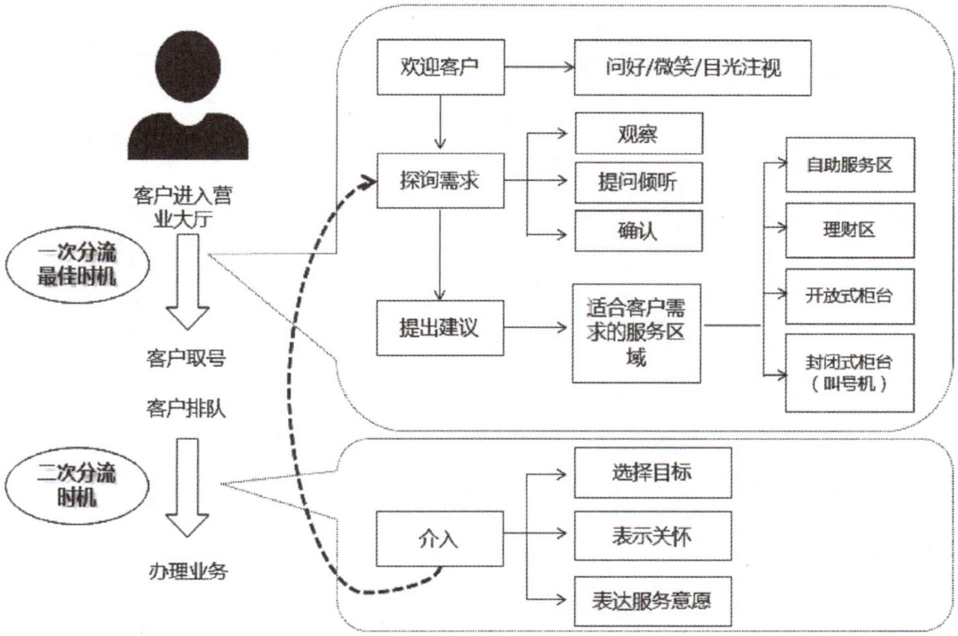

两次分流引导的标准流程

图片参考：

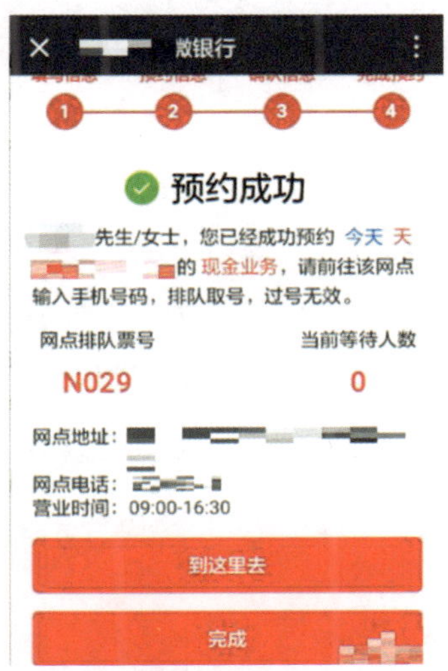

案例图片

案例分享：

某网点着力打造“智慧大堂”系统，通过手持 PAD 为每一位大堂经理都加载了一个“移动大脑”。手持 PAD 搭载统一管理平台，不仅可对大堂设备设施等硬件进行智能控制，还能查询最新的产品信息、活动信息以及排队情况，着实为大堂经理的好帮手（参见案例图片）。

066 大堂服务人员实行移动式服务，主动进行营业厅、电子（智能）银行及自助服务区域现场巡视，当客户需要帮助时及时提供帮助。（10分）

检查方式：检查方式：现场观察、调阅监控。

指标变化：指标变化：增加对进入电子（智能）银行区域现场巡视要求。

重点关注：

· 大堂服务人员现场巡视需完成以下工作职责：

（1）环境巡查：检查并确认设备、机具的正常使用；检查卫生情况；检查物品定位情况。

（2）服务巡查：根据现场情况实施二次分流；对客户进行主动关怀；对客户的疑问进行及时答疑解惑。

（3）业务巡查：根据现场情况及时与其他岗位同事进行联动、适时进行交叉营销；指导客户填单；鼓励并指导客户使用自助设备。

（4）移动补位：增强补位意识，及时补位。

图片参考：

067 大堂服务人员持续履职，离开大堂经理台为客户提供服务时摆放“大堂经理巡视中”提示牌，确保客户能够找到大堂经理等相关岗位人员寻求帮助。（8分）

检查方式：现场观察、调阅监控。

指标变化：新增，分值为8分。

重点关注：

· 大堂经理离开大堂经理台（咨询引导台）时，请摆放“大堂经理巡视中”提示牌，以确保客户如有需求可在厅堂范围内找到大堂经理或者其他工作人员。如大堂经理因处理烦琐业务需长时间离开厅堂区域（例如前往自助服务区巡查）时，请安排相关同事在岗。

· 可在大堂经理台（咨询引导台）上安装腕戴式呼叫按钮装置，方便客户在大堂经理离岗巡视时及时呼叫到大堂经理。

图片参考：

068 大堂服务人员熟知业务种类、产品特性、办理流程等，准确熟练地向客户介绍产品或营销推介至相关工作人员；能够识别客户办理业务受欺诈风险隐患，进行稳妥有效处理。（12 分）

检查方式：现场观察、调阅监控、现场测试员工。

指标变化：增加要求“能够识别客户办理业务受欺诈风险隐患，进行稳妥有效处理”，分值由 2.0 版本的 5 分调整为 12 分。

重点关注：

· 基于《银行业金融机构销售专区录音录像管理暂行规定》的要求，银行金融产品的销售行为只能在配备有双录设施的销售专区进行。因此请确保大堂经理进行交叉营销时，仅向客户介绍产品特性、办理流程、申赎手续等，不能实施任何具有销售意图的实质行为，对于有购买意向的客户应及时推介至客户经理处，在销售专区内或在自助的销售终端上进行购买。

· “能够识别客户办理业务受欺诈风险隐患，进行稳妥有效处理”为 3.0 版新增内容。近几年来，全国电信诈骗案件呈爆发状态，而绝大部分针对普通人群的电信诈骗最终转账渠道都是银行柜台或者 ATM。因此，对于业务欺诈风险知识的学习和处理能力的提升要求，是监管机构为保护消费者权益所增加的有效措施。

· 建议网点根据自身实际情况，制定“消费者权益保护应急预案”，对相应岗位的员工进行必要的安全提示和持续性案防教育，通过内部会议及时学习、分析各类诈骗案例，不断提高员工的识别能力和防范技巧，培养员工的应急处理能力。其中，大堂经理作为网点内涉足面积最广，灵活度最高的工作人员，将成为与欺诈分子对战的最前沿，请大堂经理更要注意适时更新防欺诈知识储备，提升防欺诈意识，做好网点防欺诈的第一道防护墙。

· 当前，由于银行普遍加强了内部防欺诈培训，绝大部分通过人工操作的诈骗转账都可以被高柜员工有效拦截，因此欺诈分子改变了作案手段，转向由被害人使用 ATM 自助操作转账。据统计，目前电信网络新型违法犯罪中近四分之三的受害人是通过自助柜员机具向欺诈账户转账。受害人大多在完成转账后的较短时间内会意识到上当受骗，但资金已经转出，并被不法分子立即转移。

针对上述情况，央行规定自 2016 年 12 月起，除向本人同名账户转账外，个人通过自助柜员机转账的，发卡行将在受理 24 小时后办理资金转账，转出方在 24 小时内可以向发卡行申请撤销转账。请注意，对于需要转账资金实时到账的客户，请员工做好告知和解释工作，可建议其通过手机银行、网上银行实现资金实时到账，以确保客户资金划转的便利性不受影响。

· 本书配套有消费者权益保护题库，请读者关注相关微信公众号，并进入题库进行反复学习，以增强日常工作中的应变能力。

图片参考：

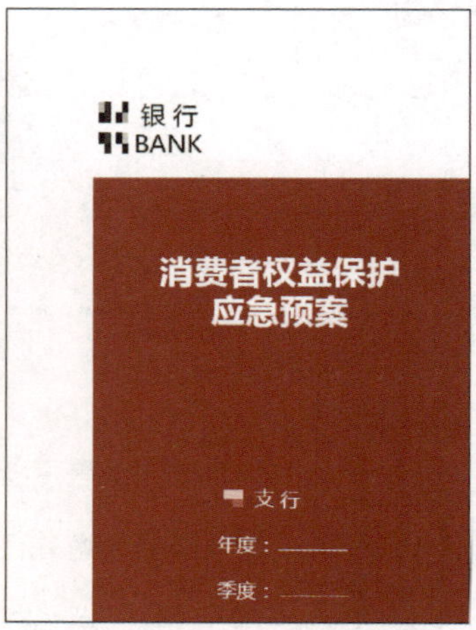

案例分享：

警惕通过 ATM 实施的以下诈骗手段

（1）不法分子在 ATM 的卡槽上加装高仿真的卡槽，里面装有读卡器，当客户将银行卡插入时，读卡器就会将客户的资料读取。同时，不法分子在 ATM 上方安装上假摄像头，窃取客户密码。

（2）不法分子趁持卡人在 ATM 上取款时窥视密码，利用持卡人随手丢弃的 ATM 回执单盗取银行卡卡号信息，然后制作伪卡取款。

（3）不法分子事先在 ATM 屏幕侧面张贴假告示，待客户的卡被吞后，按假告示上方法求助时，不法分子便趁机获取密码。

（4）不法分子制造 ATM 故障吞卡，冒充银行工作人员以修理机器等名义，骗取持卡人密码等资料，制造伪卡取款。

（5）不法分子假冒银行名义，利用手机短信或电话的方式，假称持卡人的银行卡在某处消费或卡上信息资料被泄露，诱骗持卡人在 ATM 上将卡内资金转入其提供的账户内。

（6）不法分子在 ATM 插卡口安装吞卡装置造成吞卡故障，让持卡人以为卡被吞而离开。同时，不法分子在 ATM 键盘上贴假键盘等，以此窃取受害人的银行资料，然后作案。

069 大堂服务人员主动指导客户填写业务单据，必要时帮助客户复印相关证件，注意保护客户隐私。（5分）

检查方式： 现场观察、调阅监控。

指标变化： 标准不变。

重点关注：

- 切不可代客户填单：大堂服务人员在日常工作中经常会遇到填单不便的客户（如手部残疾、不识字、视力障碍等），请避免出于同情心而帮助客户填单，因为一旦发生纠纷，大堂服务人员和银行都将承担不必要的风险。
- 关注填单的正确性和实务性：除常办业务以外，如遇到冷僻业务的填单需求，请大堂服务人员根据实务要求，确保填单的准确性。在指导填单的同时，请协助客户确认相关证件的齐备。即使出现填单误差，也请与柜面员工做好协调和联动工作，先确保客户尽快完成业务办理。
- 如需帮助客户复印身份证件，要确保身份证不离开客户的视线，避免纠纷产生；建议网点配备一些“用途批注章”，加盖在身份证复印件上，切实保护客户隐私。

图片参考：

070 大堂服务人员主动与客户进行交流，目视对方，态度诚恳、耐心回复咨询，语言通俗易懂。（5分）

检查方式：现场观察、调阅监控 。

指标变化：标准不变。

重点关注：

· 语言选择：我国地大物博，方言极多。大堂服务人员与客户的沟通时，原则上建议首问应用普通话，如果客户用方言回答，则后面的沟通都可以使用方言。此外，请确保大堂服务人员中至少要有一人通晓当地方言、一人通晓英语（也可合并为同一人）。

· 如大堂服务人员尚未开口，客户直接用方言询问，考虑到客户的体验和感受，大堂服务人员也可直接用方言回答。

图片参考：

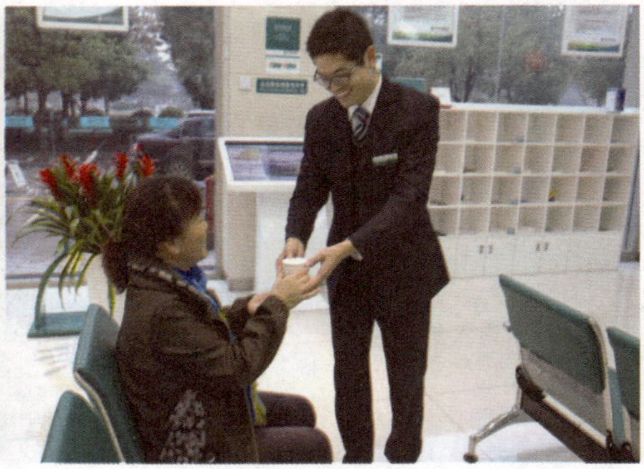

071 大堂服务人员主动进行二次分流，及时响应并解决客户诉求，提供必要的安抚服务，预防投诉发生。（8分）

检查方式：现场观察、调阅监控。

指标变化：标准不变，分值由2.0版本的10分调整为8分。

重点关注：

· 网点等候区的服务与交流：网点等候区是二次分流的最佳场所。建议大堂服务人员根据客户等候区的排队情况，随时安排巡场。在条件允许的情况下，可以安排茶水推车进行服务。服务期间可与客户进行沟通，并借机进行二次分流、消费者权益保护教育以及交叉营销等工作。

· 近年来，随着银行金融服务范围越来越广，在一定程度上激增了客户需求；与此同时，随着银行“压柜减员”的开展，传统银行业务逐渐趋向网络化，实体网点柜台的数量日渐减少，因此在一些中老年客户需求较为集中的区域，银行网点易出现“排长队、常排队”问题。建议网点根据自身的业务特点和客群结构合理制定相应预案，并时常加以演练。

· 对 VIP 客户前来办理业务时，大堂服务人员可根据网点现场实际情况，酌情安排最佳处理路径，争取既不引起营业大厅内其他排队客户的不适、又能合理安排 VIP 客户的业务需求。

· 厅堂区域是网点投诉高发区域，由于排队问题而引发的投诉是其中占比最高的。在厅堂区域遭遇客户投诉，员工首先要在自身情绪上要做到“四不原则”，即“不急、不怕、不气、不躲”，然后按照应急处理和投诉处理的各项要求，积极应变，妥善处理。

图片参考：

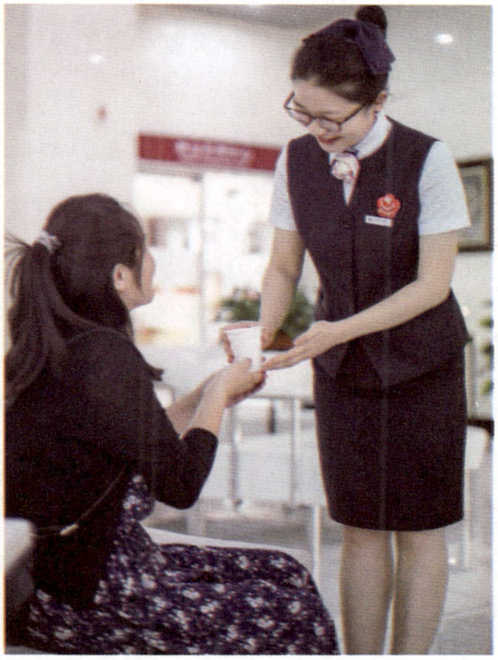

案例分享：

解决排队问题需要“组合拳”

排队问题的解决不是靠一个人，几个措施就可以完成的，它需要一套细致的“组合拳”，例如：

（1）增加预约渠道，培养客户预约习惯；

（2）提示高峰时间；

（3）做好一、二次分流；

（4）根据不同年龄段客户的接受能力，培养中青年客户使用自助设备的良好习惯；

（5）做好网银、手机银行的宣传和教育工作，培养客户使用习惯；

（6）在客户等候时，可进行一些客户关怀活动，例如“送杯清茶、递本杂志”，等等。

072 大堂服务人员熟悉特殊群体客户服务的相关制度及工作流程，主动为其提供便利，积极协助其办理业务。（10分）

检查方式：现场观察、调阅监控、检查相关制度、现场测试员工。

指标变化：新增要求“大堂服务人员熟悉特殊群体客户服务的相关制度及工作流程”，分值由2.0版本的8分调整为10分。

重点关注：

· 特殊群体客户服务工作包含以下几点：

（1）明确和规范特殊群体对象的范围；

（2）建立完善的规章制度，并构建模块化、标准化操作步骤；

（3）改善网点环境，提升相关配套硬件设施；

（4）创新特殊服务方式、满足特殊服务需求；

（5）做好员工培训、部门联动。

· 作为消费者权益保护的重要内容，特殊消费者群体金融服务日益受到更多关注。建议网点从改进金融服务和履行社会责任角度出发，落实措施，切实改进特殊消费者群体金融服务。大堂服务人员需加深对于相关制度内容和实务的学习，可清晰流畅地表述相关制度和工作流程，并将其融入实际工作中。

· 《关于进一步完善残障人士银行服务的自律要求》（银协发［2012］35号）提出，营业网点工作人员要加强对残障客户的导引服务，并做到理解、尊重、关心、帮助残障人士，针对不同类型的残障客户，要竭力提供人性化和个性化的服务，通过细心、爱心、耐心服务赢得残障客户的信赖。

图片参考：

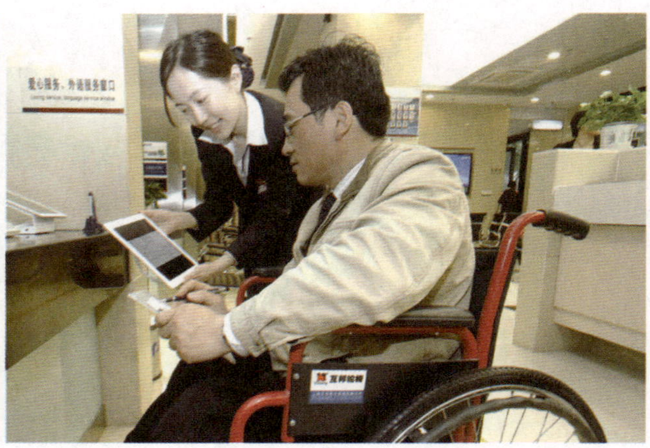

案例分享：

案例一：完善制度并有效呈现

某行制定了特殊消费者群体金融服务规范，并将特殊消费者群体金融服务工作纳入本行服务规范中，在网点厅堂内的消费者保护宣传教育区进行公示。

某行专门制定了特殊人群柜台延伸工作指导意见，对包含残疾人士在内的特殊客户，提供柜台延伸服务。

案例二：改善网点环境，提升相关配套硬件设施

某行针对残障客户，结合网点周边环境，对残障人士配套便利设施进行重新布局规划，使残障客户从停车、下车到无障碍通道的使用，皆可实现全程无缝衔接。

某行位于盲校附近，该网点从盲人客户使用体验的角度出发，着重打造针对盲人客户的硬件设施和服务方案。例如：在柜台统一配备盲人键盘、密码器、盲文模版等；在可触位置公示以盲文书写的求助电话和使用流程；在网点多处安放呼叫按钮；配备助盲卡和具有语音提示功能的验钞机等。

案例三：创新特殊服务方式、满足特殊服务需求

某行为解决聋哑人交流不便的情况，专门设立了手语服务窗口，并辅助于文字交流的方式，为聋哑人提供贴心周到的金融服务。同时，针对老弱病残孕群体和由于出国、意外事件等特殊原因，无法亲自办理业务的消费者群体，采取影音录像等形式验证，提供上门服务，为异地客户提供见证服务。

案例四：构建模块化、标准化操作步骤

某行从客户体验的角度出发，对特殊群体客户服务流程中所涉及的人员、文件、工作内容、准入设定、审批环节和工作流程进行了全面梳理，并将所有流程模块化、标准化。

（1）从客户身份和客户行为入手，进行服务前梳理：首先，区分特殊群体客户，了解每种特殊群体会产生哪些不同种类的常办业务需求；其次，了解每种业务需求的处理行为和流程，在合法合规的前提下，寻求最优路径组合。

（2）编写前台员工行为执行手册：包含审批流程、文件管理清单、行内操作流程、行外操作流程等。

（3）编写后台员工行为执行手册：包含合规性审查流程、文件管理清单、部门协调单、备案存档流程等。

073 客户离开时大堂服务人员主动向客户道别或示意。（2分）

检查方式：现场观察、调阅监控 。

指标变化：标准不变。

重点关注：

· 客户离开时，请大堂服务人员使用标准话术向客户道别；如果大堂服务人员正在接待客户，无法抽身进行道别，可点头致意或招手示意；如果时间允许，对于比较熟悉的客户，大堂服务人员可送至网点门口，并为客户开门；请注意，不要对着客户的背影道别。

· 对于开车前来的客户，请大堂服务人员协调网点保安协助客户取车，或者指引倒车。

图片参考：

4.2 // 大堂管理

3.0 版与 2.0 版对比明细

序号	2.0 版考核内容	分值	序号	3.0 版考核内容	分值	对比
	项目：4.2 大堂管理	60		项目：4.2 大堂管理	65	分值由 2.0 版本的 60 分调整为 65 分
72	按照公示的时间营业，保证满时点服务	10	74	网点按照公示的时间营业，保证满时点服务	5	增加了“网点”表述，分值由 10 分调整为 5 分

（续表）

73	大堂服务人员有较强的现场管理能力，有效协调服务资源	10	75	大堂服务人员有较强的现场管理能力，有效协调服务资源	10	标准不变
74	大堂服务人员对各营业岗位服务人员的不规范服务行为进行监督，主动提示	5	76	大堂服务人员对各营业岗位服务人员的不规范服务行为进行监督，主动提示	5	标准不变
			77	大堂服务人员积极引导客户使用自助及智能设备，熟悉网点内各类设备使用方法，且能为客户提供使用指导	10	新增
75	大堂服务人员主动巡查机具设备，确保正常使用；熟练掌握自助机具吞卡、钞等故障应急解决方法，知晓相应的工作流程及预案	10	78	大堂服务人员主动巡查自助及智能设备，确保正常使用，巡查记录完整可查；熟练掌握机具吞卡、钞等故障应急解决方法，知晓相应的工作流程及预案	15	明确 2.0 版本中“机具设备”为“自助及智能设备”、增加要求“巡查记录完整可查”。分值由 10 分调整为 15 分
76	大堂服务人员主动指导保洁人员及时清理服务区域内纸屑等废弃物品，维护服务环境	5				该条删除
77	客户在办理业务时，大堂服务人员及时劝导、避免其他客户进入一米以内距离区域的围观、等候行为（同行人员需征得客户同意），有效保护客户隐私，维护营业秩序	10	79	客户在办理业务时，大堂服务人员及时劝导、避免其他客户进入一米以内距离区域的围观、等候行为（同行人员需征得客户同意），有效保护客户隐私，维护营业秩序	10	标准不变
78	营业结束后，大堂服务人员及时关闭非 24 小时值机设备电源	5	80	营业结束后，网点及时关闭非 24 小时值机设备电源	5	将“大堂服务人员”调整为“网点”
79	大堂服务人员做好《大堂经理日志》（电子或纸质）记录工作，真实、详细记载当天服务情况，整理并及时响应客户对服务工作的意见和建议	5	81	大堂服务人员做好《大堂经理日志》（电子或纸质）记录工作，真实、详细记载当天服务情况，整理并及时响应客户对服务工作的意见和建议	5	标准不变

074 网点按照公示的时间营业，保证满时点服务。（5 分）

检查方式：现场观察、调阅监控。

指标变化：增加了“网点”表述，分值由 2.0 版本的 10 分调整为 5 分。

重点关注：

- 网点营业时间牌上的时间要与网点实际营业时间相符，如果网点的营业时间发生变化，注意及时更新网点营业时间公示牌。请注意，营业网点内悬挂的钟表要安排专人每天负责校对，以避免因时间误差与客户发生不必要的摩擦。
- 网点营业时间公示牌上对公业务、个人业务的营业时间要分开公示。

图片参考：

075 大堂服务人员有较强的现场管理能力，有效协调服务资源。（10 分）

检查方式：现场观察、调阅监控、现场测试员工。

指标变化：标准不变。

重点关注：

- 大堂服务人员在日常工作中，应提高对于业务咨询、引导分流、排队问题、设备机具使用协助、突发事件处理、网点秩序等事件和场景的关注度，并及时处理和解决。优秀的大堂经理应该是“通天哪吒”，在面对各类事件时，要能够有效联动柜面、理财、安保、保洁、网点负责人等各岗位资源，做到“眼观六路、耳听八方”。
- 在考核方面，本条的考核标准较难量化，实际操作中，将主要通过观察现场事件的处理和不同场景的应对（现场测试）来考核大堂服务人员的综合现场管理和协调能力。

· （网点副职级别）的大堂服务管理人员，亦可参考本书 P155 页，2.0 版 127 条 3.0 版 126 条内容，根据考核要求，定编超过 25 人的网点要求必须安排相当于网点副职级别的大堂服务人员承担现场服务管理职责。高级别的大堂服务管理人员可以有效把控厅堂状况、协调各岗位资源，改善并提升客户体验。

图片参考：

案例分享：

一起营业网点突发事件的分析及处理流程参考

事件分析：

· 由于突发事件发生在银行营业大厅，一定程度上将影响网点的正常运营，如果事件加剧，则后继处理会更加麻烦，波及范围也将更广。因此，避免事态进一步扩大是网点工作人员的首要任务。

· 在突发事件中，一旦发生人员身体受损情况，即使银行不存在任何责任和不当之处，但是由于事发地点在网点内，后期肯定会给网点造成不必要的影响和损失。因此，避免在网点内发生人身伤害事件是此类应急事件处理的基准底线。

· 在突发事件中，大堂经理无疑是事件处理的最核心的人员，其处理能力和处理速度决定了整个事态的发展与变化，一位优秀的大堂经理就是突发事件的定海神针。

正确的处理流程参考：

1. 如果由于冲突可能会影响到其他客户，大堂经理迅速安排其他同事转移事发地附近的其他客户，以避免无谓的人身伤害。
2. 安排安保上前劝架，如当事人已动手，尽量将其拉开。（如果是女同志，发生肢体接触时尽量注意）
3. 与高柜内的同事确认暂停办理争吵客户的相关业务，并及时保持联动。
4. 如果事态一时无法控制，尽快通知网点相关负责人到场。
5. 上前向发生冲突的客户表明：如果有纠纷可去网点外解决，网点中到处都有摄像头，会全程记录下他们的行为。
6. 持续关注事态发展，保证所有的处理步骤在摄像头下进行，并酌情适时报警。

076 大堂服务人员对各营业岗位服务人员的不规范服务行为进行监督，主动提示。（5分）

检查方式：现场观察、调阅监控、现场测试员工。

指标变化：标准不变。

重点关注：

- 需要大堂服务人员进行服务行为监督的岗位包括：柜面员工、理财经理、安保、保洁、网点内其他服务人员。
- 监督内容：着装规范、仪容仪表、言行举止、服务标准、服务态度和服务流程等。
- 建议向网点各岗位员工普及管理手语，以便大堂服务人员在巡视中对相关员工进行提醒。

图片参考：

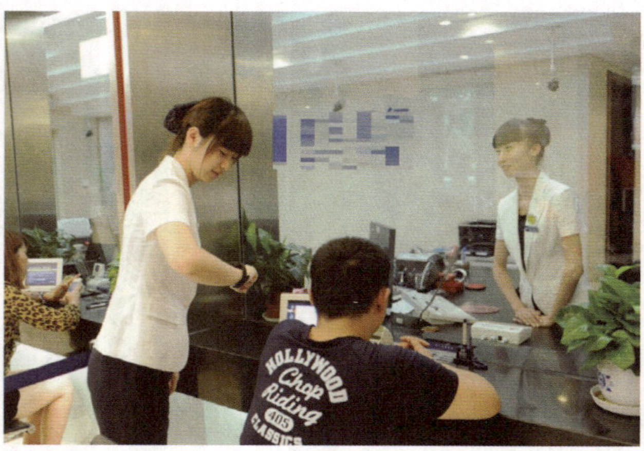

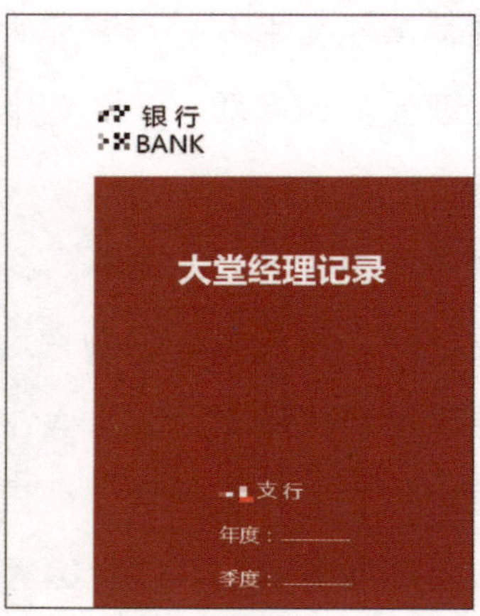

077 大堂服务人员积极引导客户使用自助及智能设备，熟悉网点内各类设备使用方法，且能为客户提供使用指导。（10 分）

检查方式：现场观察、调阅监控、现场测试员工。

指标变化：新增，分值为 10 分。

重点关注：

- 大堂服务人员向中老年客户进行自助及智能设备使用引导时，建议其能够实时地陪在客户身旁进行指导，改善中老年客户对于机具设备的敬畏心理。
- 建议大堂服务人员从客户体验的角度出发，亲身感受网点内所有自助及智能设备的使用流程和业务场景。并根据体验结果，对于相关提示和操作指南进行修改和完善。

图片参考：

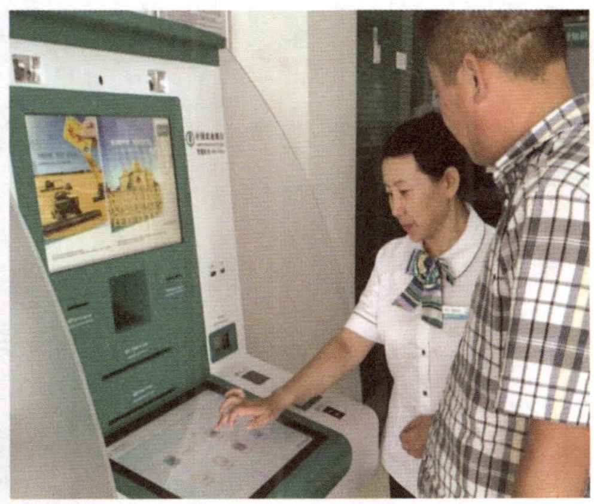

体验	发现	交互	提升	反馈
亲自体验所有的设备和业务模块，感受全过程	发现每一个自己会产生疑问的节点，记录下来	体验并寻找疑问点的最佳解决途径和陈述方式	将解决方案呈现给客户，无论是书面还是口述	评估使用情况并将优缺点集中反馈后改进

078 大堂服务人员主动巡查自助及智能设备，确保正常使用，巡查记录完整可查；熟练掌握机具吞卡、钞等故障应急解决方法，知晓相应的工作流程及预案。（15 分）

检查方式：现场观察、检查相关制度、调阅监控、现场测试员工。

指标变化：明确 2.0 版本中“机具设备”为“自助及智能设备”、增加要求“巡查记录完整可查”。分值由 2.0 版本的 10 分调整为 15 分。

重点关注：

- 制定巡查制度：网点需制定《自助及智能设备巡查管理办法》，巡查间隔时间和具体要求视各网点情况而定，客流高峰时期巡查次数可频繁些，非高峰时期可适当降低。巡查记录要求完整，对于巡查过程中发现的问题及客户的反馈应该及时记录在案，避免全部以“√”（打对勾）的方式来呈现巡查记录。
- 完善巡查内容：包括但不限于自助及智能设备可用情况、周边环境、卫生情况、设备清洁度，主动关怀正在使用设备的客户，等等。此外，对于外设有辅助配件（例如电话、滚轴鼠标等）的智能设备，请注意配件的归位和清洁。
- 大堂服务人员需熟练掌握机具吞卡、钞等故障的应对流程及应急处理预案，以备考核人员现场问答测试。

图片参考：

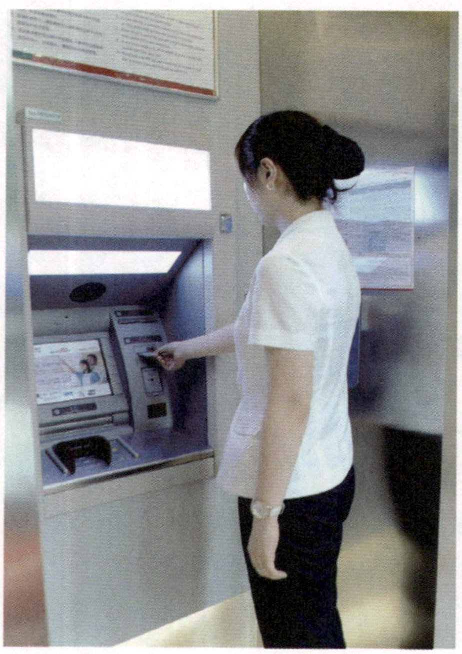

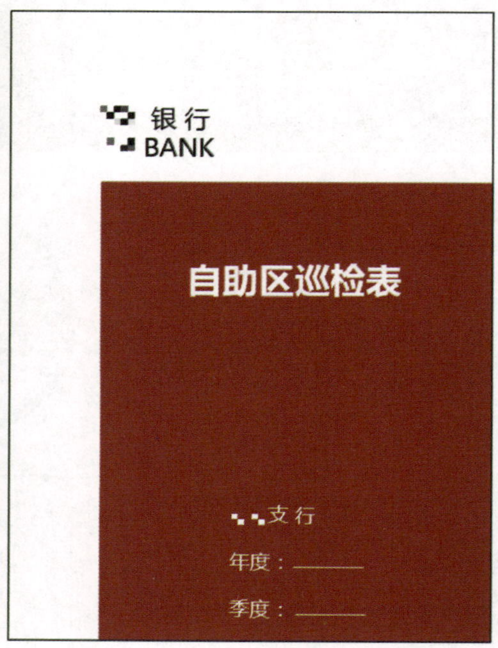

079 客户在办理业务时，大堂服务人员及时劝导，避免其他客户进入一米以内距离区域围观、等候行为（同行人员需征得客户同意），有效保护客户隐私，维护营业秩序。（10 分）

检查方式：现场观察、调阅监控。

指标变化：标准不变。

重点关注：

- 确保“一米线”制度的有效实施，保障客户隐私和个人信息安全。例如，有些急于办理业务或等待时间较长的客户，习惯拥挤在高柜柜台前询问或等待，请大堂服务人员注意及时疏导。
- 有的网点为了优化视觉效果及提升耐用性，用颜色醒目的大理石地砖代替一米线。建议此类网点在地面加贴“一米线”文字标注，否则客户会认为这是装修风格的刻意设计，而忽略一米线的存在。此外，有些网点为了分割排队人群而采用“立杆隔离条（带）”代替一米线，由于隔离条（带）对于儿童和行动不便的老年人有一定的障碍隐患，因此不建议在网点内放置此类隔离条（带）。

图片参考：

080 营业结束后，网点及时关闭非 24 小时值机设备电源。（5 分）

检查方式：现场观察、调阅监控。

指标变化：将“大堂服务人员”调整为“网点”。

重点关注：

- 确保电路设施使用安全：每日营业结束后，大堂经理应对网点内的电子设备、设施、接线板等进行整理归位，并注意排除电线混乱纠缠、电线接头裸露、电源线老化等状况，排除火灾隐患。
- 营业结束后的双人巡查制度：建议网点实行大堂经理和网点负责人双巡查制度，以“双保险”的方式确保营业结束后网点内部设施设备的安全。

图片参考：

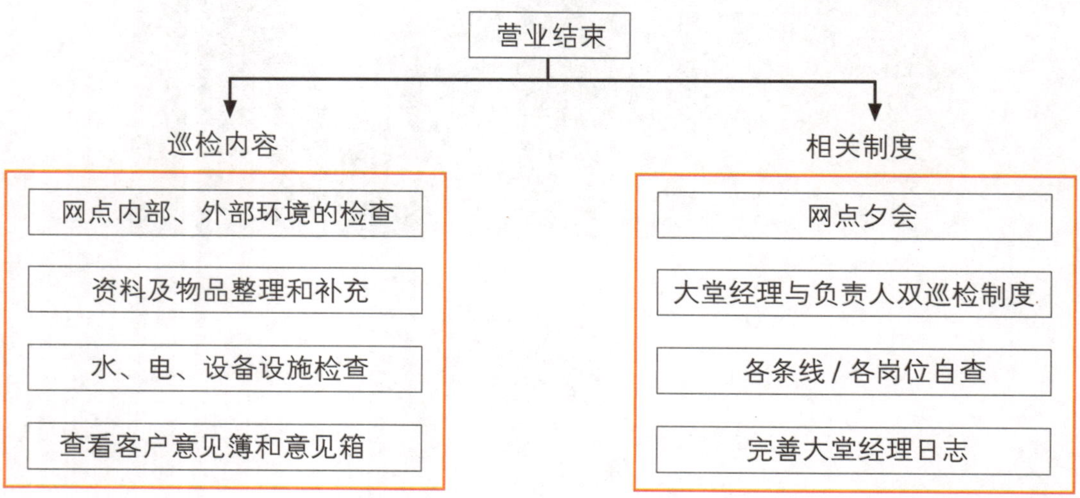

081 大堂服务人员做好《大堂经理日志》（电子或纸质）记录工作，真实、详细记载当天服务情况，整理并及时响应客户对服务工作的意见和建议。（5分）

检查方式：现场观察、检查相关记录。

指标变化：标准不变。

重点关注：

- 《大堂经理日志》记录完整，对当天营业过程中发现的问题及客户反馈的事件、建议等要及时记录在案，记录内容避免敷衍和形式上“走过场”。
- 每天查阅客户意见簿，对于客户提出的意见，大堂服务人员要及时回复并明确处理方案；对于客户提出的可行性建议，表示感谢之余要明确整改意愿或整改结果；对于需进行后继处理的客户需求，大堂服务人员及相关岗位员工可定期联络客户进行沟通与服务。

图片参考：

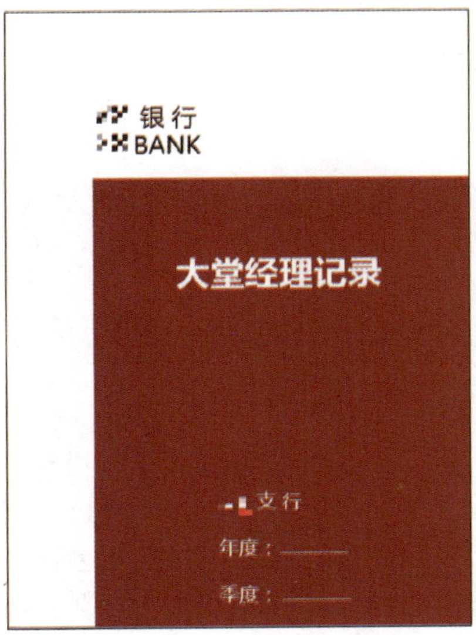

大堂经理岗位人员日志

xxx银行营业部　　2018年4月9日　　记录人：xxx

检查事项/时间		班前	9:00-10:30	10:30-12:00	12:00-15:30	15:30-17:00	班后	备注
厅堂环境检查	营业秩序		良好	良好	良好	良好		
厅堂设备检查	客流量		37	49	51	42		
	营业环境	整洁	整洁	整洁	整洁	整洁	整洁	
	自助设备	正常	正常	正常	正常	正常	正常	
	排队（叫号）机	已开	正常	正常	正常	正常	已关	
	大堂自助服务和体验区设备	正常	正常	正常	正常	正常	正常	
	填单台单据	已补充	正常	正常	正常	正常	已补充	
	客户用笔	正常	正常	正常	正常	正常	正常	
	填单模板	清晰	清晰	清晰	清晰	清晰	清晰	
	座椅	已排齐	整齐	整齐	整齐	整齐	已排齐	
	饮水机	已开	正常	正常	正常	正常	已关	
	宣传资料	已补充	正常	正常	正常	正常	已补充	
	点（验）钞机	已开	正常	正常	正常	正常	已关	
	便民设施	已整理	整齐	整齐	整齐	整齐	已整理	
	碎纸机、复印机等其他用于大堂服务的设备	已开启	正常	正常	正常	正常	已关闭	
	大堂灯具	已开	正常	正常	正常	正常	已关	
	宣传灯箱、标牌、展架	正常	正常	正常	正常	正常	正常	
	电子显示设备	正常	正常	正常	正常	正常	正常	
	免责提示	正常	正常	正常	正常	正常	正常	
	垃圾桶	干净	少量垃圾	超过2/3	少量垃圾	少量垃圾	少量垃圾	
	花草	干净	干净	干净	干净	干净	干净	
服务检查	员工服务态度		热情	热情	热情	热情		
	员工服务效率		良好	较高	较高	良好		

4.3 // 安保、保洁人员管理

3.0 版与 2.0 版对比明细

<table>
<tr><th>序号</th><th>2.0 版考核内容</th><th>分值</th><th>序号</th><th>3.0 版考核内容</th><th>分值</th><th>对比</th></tr>
<tr><td colspan="2">项目：4.3 安保、保洁与第三方驻点人员管理</td><td>20</td><td colspan="2">项目：4.3 安保、保洁人员管理</td><td>10</td><td>分值由 2.0 版本的 20 分调整为 10 分，由于监管要求不允许第三方驻点人员进入网点，故删除相关要求</td></tr>
<tr><td>80</td><td>安保、保洁人员、第三方驻点人员规范着装，仪容仪表符合上岗规范</td><td>3</td><td>82</td><td>安保、保洁人员规范着装，仪容仪表符合上岗规范</td><td>2</td><td>删除第三方驻点人员要求，分值由 2.0 版本的 3 分调整为 2 分</td></tr>
<tr><td>81</td><td>安保人员站姿挺拔，行姿稳健、手势自然，连续在岗，履行职责，值班记录完整，规范携带安保器械设备</td><td>3</td><td>83</td><td>安保人员站姿挺拔，行姿稳健、手势自然，连续在岗，履行职责，值班记录完整，规范携带安保器械</td><td>2</td><td>将“安保器械设备”调整为“安保器械”，分值由 2.0 版本的 3 分调整为 2 分</td></tr>
<tr><td>82</td><td>保洁人员在不影响客户的情况下，及时维护营业厅各区域环境卫生，及时清理纸屑杂物、水渍污痕；各种清洁工具隐蔽保管</td><td>2</td><td>84</td><td>保洁人员在不影响客户的情况下，及时维护网点各区域环境卫生，清理纸屑杂物、水渍污痕；各种清洁工具隐蔽保管</td><td>2</td><td>将“营业厅”调整为“网点”</td></tr>
<tr><td>83</td><td>安保、保洁人员与第三方驻点人员不得履行大堂经理职责，如遇客户咨询业务，主动友好示意，引导至大堂服务人员</td><td>3</td><td rowspan="2">85</td><td rowspan="2">安保、保洁人员不得履行大堂经理职责，无代填单、代取号、提供业务咨询等行为，如遇客户咨询业务，礼貌引导至大堂服务人员</td><td rowspan="2">4</td><td rowspan="2">将 2.0 版本中第 83、84 条合并，分值由 2.0 版本的 6 分调整为 4 分，“主动友好示意，引导至大堂服务人员”调整为“礼貌引导至大堂服务人员”</td></tr>
<tr><td>84</td><td>安保、保洁人员与第三方驻点人员无代填单、代取号、提供业务咨询等现象</td><td>3</td></tr>
<tr><td>85</td><td>第三方驻点人员若使用营业网点内机具及台面的，需明示所属单位，不得冒用银行名义进行产品宣传和营销行为</td><td>3</td><td></td><td></td><td></td><td rowspan="2">此两条删除</td></tr>
<tr><td>86</td><td>第三方驻点人员着装与银行员工有明显区别，规范佩戴明显胸牌，便于客户识别，言行符合银行礼仪基本要求</td><td>3</td><td></td><td></td><td></td></tr>
</table>

082 安保、保洁人员规范着装，仪容仪表符合上岗规范。（2分）

检查方式：现场观察、调阅监控。

指标变化：删除第三方驻点人员要求，分值由2.0版本的3分调整为2分。

重点关注：

- 安保人员是客户在网点的第一接触点，因此整体形象非常重要，保安服应合体服帖、面料不易皱、腰带束紧不松垮，配械规范。
- 保洁人员着装、行为等往往容易忽视，且人员都是从物业公司聘请，人员管理相对困难，网点更应加强对她们的日常管理。
- 由于安保、保洁人员都是由第三方公司招募的，因此各行需加强与第三方公司的沟通，并在日常经营中，关心安保、保洁人员，让他（她）们也感受到网点对他（她）们的关怀。
- 个别中小型网点仅配备一名安保人员，午饭时容易脱岗，请网点做好内部协调，及时安排相应人员替班。

图片参考：

083 安保人员站姿挺拔、行姿稳健、手势自然，连续在岗，履行职责，值班记录完整，规范携带安保器械。（2分）

检查方式：现场观察、检查相关记录、调阅监控。

指标变化：将“安保器械设备”调整为“安保器械”，分值由2.0版本的3分调整为2分。

重点关注：

· 安保人员职责：

（1）规范执勤职责、人身及财产安全职责、护钞职责、应急处理职责、灾害防护职责、巡查职责、交接班规范等等。

（2）做到“四勤”，即勤观察、勤询问、勤巡逻、勤记录。

（3）值班记录完整，对当天的营业过程中发现的安保隐患、问题、处理方式等内容要及时记录在案，记录内容避免敷衍和“走过场”，尽量避免每天“打对钩”的记录方式。

（4）建议安保人员在时间允许的情况下，协助大堂服务人员做好客户的迎来送往，例如主动开门、主动招呼问候、主动送别等。

· 安保人员在岗执勤时不得浏览手机、与人嬉笑聊天。当班时如遇公干外出、护钞等事宜时应登记在案。

图片参考：

084 保洁人员在不影响客户的情况下，及时维护网点各区域环境卫生，清理纸屑杂物、水渍污痕；各种清洁工具隐蔽保管。（2分）

检查方式：现场观察、调阅监控。

指标变化：将“营业厅”调整为“网点”。

重点关注：

- 关注各类机具、设备集中摆放区域的卫生保洁工作。例如，自助设备会产生打印凭条或者回单等，容易被客户随意丢弃，因此在网点客流高峰时段需要保洁人员和大堂服务人员加强对于上述区域的巡查工作。
- 保洁人员在营业时间内清扫厅堂过程中，不要影响客户办理业务，如遇纠纷时，也要注意礼貌用语。
- 当遇到雨雪天，或者地面有水渍等情况时，保洁人员应先放置“注意滑倒”警示牌，并及时擦干地面，防止客户滑倒。

图片参考：

085 安保、保洁人员不得履行大堂经理职责，无代填单、代取号、提供业务咨询等行为，如遇客户咨询业务，礼貌引导至大堂服务人员。（4 分）

检查方式：现场观察、调阅监控。

指标变化：将 2.0 版本中第 83、84 条合并，分值由 2.0 版本的 6 分调整为 4 分，“主动友好示意，引导至大堂服务人员”调整为“礼貌引导至大堂服务人员”。

重点关注：

- 安保、保洁人员需了解网点内基础设施的分布情况，例如洗手间位置、贵宾区域位置、厅堂范围、办公 / 非办公区域分隔、内外部通道设置等。当遇到客户咨询上述问题时，安保、保洁人员可直接明确地回复客户。
- 如果客户向安保、保洁人员询问业务方面的任何问题，或者表达诉求时，请安保、保洁人员将客户引导至银行员工处，或结合相应的手势呼唤大堂服务人员（避免大喊大叫），切忌直接回答“我不知道”“不要问我”等。

图片参考：

第五模块

柜面服务与效率

DI WU MO KUAI

3.0 版与 2.0 版对比总图

2.0 版本考核内容	分值	3.0 版本考核内容	分值	对比
第五模块：柜面服务与效率	160	第五模块：柜面服务与效率	165	分值由 2.0 版本的 160 分调整为 165 分
项目：5.1 柜面服务	40	项目：5.1 柜面服务	45	分值由 2.0 版本的 40 分调整为 45 分
项目：5.2 个人理财与贵宾服务	60	项目：5.2 个人理财、产品销售、贵宾服务	65	分值由 2.0 版本的 60 分调整为 65 分
项目：5.3 对公服务	30	项目：5.3 对公服务	25	分值由 2.0 版本的 30 分调整为 25 分
项目：5.4 服务效率	30	项目：5.4 服务效率	30	

核心要点解读

柜面服务与效率模块的总分值由 2.0 版本的 160 分，调整为 3.0 版本的 165 分，总体调整幅度不大。

3.0 版本在本模块的考核内容中，对于柜面人员及客户经理，增加了针对消费者权益保护领域相关知识储备和应急处理能力的要求，并对营销风险的管控提出了更加具体的软硬件建设要求。2017 年 8 月，银监会发布《银行业金融机构销售专区录音录像管理暂行规定》，要求银行业金融机构实施专区“双录”，更从监管角度明确了对于金融产品销售的风险管控措施和要求。

面对社会和金融发展中的挑战和困难，国家逐年增加消费者权益保护的力度，逐步构建起有效的消费者权益保护工作机制，并明确提出金融机构要将消费者权益保护的内容和要求融入公司治理、企业文化与经营发展战略。建议各行各网点切实通过建立相应规章制度、完善操作流程、提升资源投入等方面着手，最大限度地帮助消费者提高风险防范意识，切实履行消费者权益保护职责。

5.1 // 柜面服务

3.0 版与 2.0 版对比明细

序号	2.0 版考核内容	分值	序号	3.0 版考核内容	分值	对比
项目：5.1 柜面服务		40	项目：5.1 柜面服务		45	分值由 2.0 版本的 40 分调整为 45 分
87	客户走近柜台时柜员行举手礼或站立迎接，微笑示意，热情接待，主动问候	5	86	客户走近柜台时柜员微笑示意，热情接待，主动问候	2	减少“行举手礼或站立迎接”要求，分值由 2.0 版本的 5 分调整为 2 分
88	柜员态度亲切自然，友善真诚，大方得体，用语规范，了解到客户姓氏后，使用尊称	5	87	柜员态度亲切自然，友善真诚，大方得体，用语礼貌	5	减少“了解到客户姓氏后，使用尊称”要求
89	需要客户签字时柜员主动提示客户核对单据上的交易信息，并对签字位置予以必要提示	5	88	需要客户签字时，及时提示客户核对单据上的交易信息及签字位置	5	将“柜员主动”调整为“及时”，删除了“必要提示”
90	办理现金业务时柜员及时提醒客户清点核对，提示客户注意人身财产安全，注重语言私密性	5	89	办理现金业务时及时提醒客户清点核对；办理大额取现业务时提示客户注意人身财产安全，注重语言私密性	5	增加限定条件“办理大额取现业务时”
			90	办理业务时如遇疑似诈骗情况，柜员及时进行必要的防诈骗风险提示，视情况联动网点其他工作人员，妥善处理	8	新增
91	办理业务过程中如需复核、授权、现金调拨等内部操作行为，相关人员应知会客户	5	91	办理业务过程中如需复核、授权、现金调拨等内部操作行为，知会客户	5	将“相关人员应知会客户”调整为“知会客户”
92	办理业务过程中如需客户等候，柜员主动知会客户并说明原因，回到工作岗位后，向客户的耐心等待致谢	5	92	办理业务过程中如需客户等候，柜员主动告知客户并说明原因，回到工作岗位后，向客户的耐心等待致谢	5	将“知会客户”调整为“告知客户”

（续表）

93	柜员临时离柜明示暂停服务温馨提示	5	93	柜员临时离柜明示暂停服务温馨提示	5	标准不变
94	业务办理完毕后，柜员主动询问客户是否还有其他业务需求，并提示客户带齐各类物品，向客户礼貌告别	5	94	业务办理完毕后，及时询问客户是否还有其他业务需求，并提示客户带齐各类物品，礼貌道别	5	将“柜员主动”调整为“及时”，“向客户礼貌告别”调整为“礼貌道别”

086 客户走近柜台时柜员微笑示意，热情接待，主动问候。（2分）

检查方式：现场观察、调阅监控。

指标变化：减少“行举手礼或站立迎接”要求，分值由2.0版本的5分调整为2分。

重点关注：

- 柜员完成手中工作后，再按下叫号器接待下一位客户，切忌一边整理钱款、凭证等，一边接待下一位客户。
- 柜员迎接客户的方式可选择以下任意一种：坐正、站立、站立并举手示意（如选择站立方式，应在距离客户3米以内起身）。不论选择哪一种招迎礼，只要同一网点内的员工动作性保持一致，就能很好地表达整齐划一的团队意识。整个招迎礼过程要杜绝程序性的、敷衍了事的做法。
- 当客户走近柜台，柜员以微笑示意客户，保持一定的亲和力，并主动问候客户。对于“微笑示意”的呈现结果，每个客户的感受是不一样的，没有所谓绝对的标准。关键是柜员在接待客户时要呈现出良好的亲和力和专业风范。

图片参考

087 柜员态度亲切自然，友善真诚，大方得体，用语礼貌。（5分）

检查方式：现场观察、调阅监控。

指标变化：减少“了解到客户姓氏后，使用尊称”要求。

重点关注：

- 柜员接待客户时需目视客户，目视点为客户眉心位置，保持亲和力，主动问候客户，并请客户坐下。
- 柜员接待客户时首次问询应使用普通话，不能直接开口讲方言，除非在柜员开口前客户已直接使用方言进行咨询，柜员则可以直接以方言对答。接待外貌特征特别明显的外国客户或少数民族客户时，首次问候可以不使用普通话。请避免出现以下状况：柜员在办理完上一笔业务后习惯性将话筒关闭，导致下一笔业务的首次问候客户没听到。
- 交流过程中柜员不能出现蔑视、不耐烦、责怪等言语。

图片参考：

088 需要客户签字时，及时提示客户核对单据上的交易信息及签字位置。（5分）

检查方式：现场观察、调阅监控。

指标变化：将“柜员主动”调整为“及时”，删除了“必要提示”。

重点关注：

- 需要客户在交互屏密码键盘（单据）上核对或确认相关信息时，柜员应手势指引示意或语言提示（有语音提示的除外）；需要客户在交互屏密码键盘上签字时，柜员应手势指引示意或语言提示（有语音提示的除外）；需要客户在单据上签字时，柜员应在单据签名处打钩或画圈，语言提示客户请其在指定位置处签字。

图片参考：

089 办理现金业务时及时提醒客户清点核对；办理大额取现业务时提示客户注意人身财产安全，注重语言私密性。（5分）

检查方式：现场观察、调阅监控。

指标变化：增加限定条件“办理大额取现业务时”。

重点关注：

- 办理现金业务时，柜员应及时提示客户在交互屏密码键盘上核对金额。
- 柜员当客户面在点钞机上点钞时，应及时提示，如“为您（你）点钞、请看一下”等。
- 办理大额取现业务时，柜员需及时提醒客户注意安全，在提示过程中应避免使用对讲器，并注重语言的私密性；也可写小纸条或利用计算器提示客户核对金额。

图片参考：

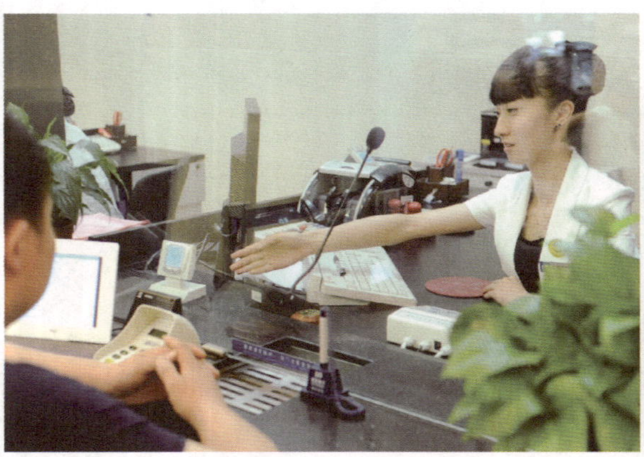

090 办理业务时如遇疑似诈骗情况，柜员及时进行必要的防诈骗风险提示，视情况联动网点其他工作人员，妥善处理。（8 分）

检查方式：现场观察、调阅监控、现场测试员工。

指标变化：新增，分值为 8 分。

重点关注：

- 本项指标着重体现了对消费者财产安全权的保护，亦是网点应急预案的重要组成部分。对于本项指标的理解应不仅局限于理论知识，更要上升到实务处理层面。
- 在办理业务时如遇疑似诈骗情况，柜员及时向客户进行必要的防诈骗风险提示，“视情况联动网点其他工作人员”。在网点日常运营工作中，柜员的联动对象主要是：柜员条线其他同事、大堂经理和客户经理。因此，要求柜员、大堂经理及客户经理三大岗位员工均要对于相关消保内容、应急预案和处理步骤理解吃透，并定期在网点内部进行案例学习、模拟预演。

图片参考：

091 办理业务过程中如需复核、授权、现金调拨等内部操作行为，知会客户。（5 分）

检查方式：现场观察、调阅监控。

指标变化：将“相关人员应知会客户”调整为“知会客户”。

重点关注：

- 柜员在办理业务时，都须遵守监管机构和本行的各项规章制度、流程的要求进行操作。
- 柜员如需请同事或主管进行复核、授权、现金调拨或其他内部操作时，需向客户说明，并请其稍候。

图片参考：

092 办理业务过程中如需客户等候，柜员主动告知客户并说明原因，回到工作岗位后，向客户的耐心等待致谢。（5 分）

检查方式：现场观察、调阅监控 。

指标变化：将“知会客户”调整为“告知客户”。

重点关注：

- 办理业务过程中，柜员需短时离开，应该主动告知客户并说明原因，如“我去XXX，请您（你）稍等”，回到座位后可使用“对不起，让您（你）久等了”等话语，具体话术可根据实际情况调整。
- 若是为同一客户办理业务，柜员需多次离开，只需第一次离开前说明原因，但需每次返回时使用礼貌用语致谢。

图片参考：

093 柜员临时离柜明示暂停服务温馨提示。（5 分）

检查方式：现场观察、调阅监控 。

指标变化：标准不变。

重点关注：

- 柜员临柜后中途离开或处理内部账务时，必须明示“暂停服务”（有客户时除外）。
- 明示暂停服务方式包括：放置暂停服务牌、叫号电子屏显示或拉下柜台帘子等；如需短时间离开可使用放置暂停服务牌或叫号电子屏显示“暂停服务，请到临柜办理”等；如果长时间暂停服务，应放下遮挡帘。

图片参考：

094 业务办理完毕后，及时询问客户是否还有其他业务需求，并提示客户带齐各类物品，礼貌道别。（5 分）

检查方式：现场观察、调阅监控。

指标变化：将“柜员主动”调整为“及时”，“向客户礼貌告别”调整为“礼貌道别”。

重点关注：

- 业务办理完毕后，柜员应及时询问客户是否还有其他业务需求，可使用“请问，您（你）还要办理其他业务吗？”“还有其他可以帮到您（你）的吗？”等话术。
- 客户离开前向客户道别，可使用“感谢您（你）选择 XX 银行”“谢谢光临”“再见或欢迎下次再来”等任一话术。
- 请注意，千万不要朝客户的背影道别。

图片参考：

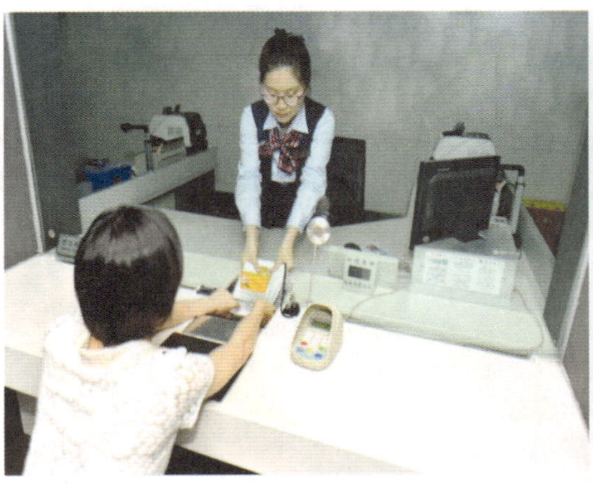

5.2 // 个人理财、产品销售、贵宾服务

3.0 版与 2.0 版对比明细

序号	2.0 版考核内容	分值	序号	3.0 版考核内容	分值	对比
项目：5.2 个人理财与贵宾服务		60	项目：5.2 个人理财、产品销售、贵宾服务		65	分值由 2.0 版本的 60 分调整为 65 分
95	贵宾（理财）服务区温馨舒适、格调优雅，客户体验良好，设有贵宾客户专属通道，专人接待、引导	5	95	贵宾（理财）服务区域相对独立、温馨舒适、格调优雅，客户体验良好，专人接待、引导	5	将 2.0 版本中“专属通道”明确为“区域相对独立”
96	贵宾（理财）服务区分区合理、功能齐全，服务区域内实现一对一专属服务，客户私密保护措施到位	5	96	贵宾（理财）服务区域分区合理、功能齐全，服务区域内实现一对一专属服务，客户私密保护措施到位	5	将“区”调整为“区域”
97	贵宾（理财）服务区设置现金服务窗口，且实现独立、封闭、遮挡操作，有效保护客户隐私	4	97	贵宾（理财）服务区域设置现金服务窗口，且实现独立、封闭或遮挡操作，有效保护客户隐私	4	将“区”调整为“区域”
98	贵宾（理财）服务区配备至少 2 种饮品，工作人员主动询问客户饮品需求	3	98	贵宾（理财）服务区域常备至少 2 种饮品，工作人员主动询问客户饮品需求	2	将“区”调整为“区域”，分值由 2.0 版本的 3 分调整为 2 分
99	客户（理财）经理及时迎接客户，主动问候、明示身份，使用尊称	5	99	客户（理财）经理及时接待客户，主动礼貌问候、明示身份	2	减少“使用尊称”要求，分值由 2.0 版本 5 分调整为 2 分
100	客户（理财）经理上岗，持有行业或系统内认证的个人理财上岗资格证书，并在显著位置公示	4	100	客户（理财）经理上岗，持有行业或系统内认证的个人理财上岗资格证书	4	将 2.0 版本要求“显著位置公示”移至 62 条
101	客户（理财）经理业务熟练，熟悉本行理财产品，并可通过电子屏显设备等辅助手段，准确熟练向客户介绍	3	101	客户（理财）经理业务熟练，熟悉本行金融产品，并可通过电子屏显设备或其他方式，准确熟练向客户介绍	3	将“理财产品”调整为“金融产品”，“可通过电子屏显设备等辅助手段”调整为“可通过电子屏显设备或其他方式”

（续表）

102	客户（理财）经理主动问询客户需求，耐心了解客户理财经历、风险偏好等，对客户的疑问，能用浅显易懂的语言给出专业的回答	5	102	客户（理财）经理主动问询客户需求，耐心了解客户理财经历、风险偏好等，对客户的疑问能用浅显易懂的语言给出专业的回答	5	标准不变
104	合规诚信销售产品，符合监管要求，将风险提示放在首位，进行必要的风险揭示，语言通俗易懂	5	103	按照监管要求，合规诚信销售产品，进行必要的风险揭示，语言通俗易懂	5	删除了“将风险提示放在首位”
105	客户表达购买意向时，客户（理财）经理按规定对客户进行必要、客观、真实的风险评估测试，并得到客户本人书面确认，充分尊重客户的知情权、选择权	5	104	客户表达购买意向时，客户（理财）经理按规定对客户进行必要、客观、真实的风险偏好、风险认知和风险承受能力等相关内容测试，并得到客户本人书面确认，确保将合适的产品和服务提供给合适的客户	7	将2.0版本中“风险评估测试”内容具体化，包括：“风险偏好、风险认知和风险承受能力等相关内容测试”；增加要求“确保将合适的产品和服务提供给合适的客户”，分值由2.0版本的5分调整为7分
103	按照客户风险承受能力推荐相应的产品，充分告知客户权益，无诋毁、贬低同业现象，无误导、诱导客户现象，严禁私售产品	6	105	按照客户风险承受能力推荐相应的产品，充分告知客户产品特性、收费情况及客户权益，无诋毁、贬低同业现象，无误导、诱导客户现象，严禁销售未在本行产品信息查询平台上收录的产品	6	将2.0版本中“严禁私售理财”要求具体化为“严禁销售未在本行产品信息查询平台上收录的产品”
			106	在产品销售专区内实现自有理财产品与代销产品销售过程全程同步录音录像，完整客观地记录营销推介、相关风险和关键信息提示、客户确认和反馈等重点销售环节；录制过程中保护客户隐私，注重客户体验；妥善留存客户已明确知晓产品重要属性和风险信息的相关证据	10	新增

（续表）

			107	客户离开时，客户（理财）经理通过点头示意、握手或语言等方式礼貌送别客户	1	新增
106	客户（理财）经理熟悉所负责贵宾客户群体的基本情况，定期联系客户，提供专属服务，推荐本行金融产品		108	客户（理财）经理熟悉所负责贵宾客户群体的基本情况，定期联系客户，提供专属服务，推荐本行金融产品	3	标准不变，分值由 2.0 版本的 5 分调整为 3 分
107	不定期组织举办针对贵宾客户的专题活动		109	不定期组织举办针对贵宾客户的专题活动	3	标准不变，分值由 2.0 版本的 5 分调整为 3 分

095 贵宾（理财）服务区域相对独立、温馨舒适、格调优雅，客户体验良好，专人接待、引导。（5 分）

检查方式：现场观察、调阅监控。

指标变化：将 2.0 版本中“专属通道”明确为“区域相对独立”。

重点关注：

- 贵宾区域与普通区域的布局应有明显区别，且区域位置相对独立，接待客户时应有专人引导。
- 贵宾区的布置可按各行 CI、VI 的要求进行布置，选用的物品陈设要高雅，也可引入当地历史、文化、人文特色等相关内容、物品、概念进行点缀，以提升格调。

图片参考：

096 贵宾（理财）服务区域分区合理、功能齐全，服务区域内实现一对一专属服务，客户私密保护措施到位。（5分）

检查方式：现场观察、调阅监控。

指标变化：将“区”调整为“区域”。

重点关注：

- 贵宾服务区域内的功能分布合理、齐全，贵宾可在该区域办理所有业务。
- 在现金和客户经理等区域内必须提供一对一的专属服务，做好客户的私密保护。
- 客户休息区域的家具摆设：避免将沙发、休息椅摆放过于密集，贵宾客户往往更加注重隐私，面对面的环抱式沙发摆设方法可能会让久坐的贵宾客户感到不适，可适度分散摆放。有条件的网点可将贵宾客户休息区域的沙发分几个位置点分别摆放。
- 对于等待时间较长的客户，接待人员需进行“二次服务”。不能只负责首次接待，而忽略了后面的服务。

图片参考：

097 贵宾（理财）服务区域设置现金服务窗口，且实现独立、封闭或遮挡操作，有效保护客户隐私。（4分）

检查方式：现场观察。

指标变化：将“区”调整为“区域”。

重点关注：

- 贵宾区必须设置现金服务柜台，需安装封闭式或半封闭式遮挡，以满足贵宾客户的隐私和安全需求。

- 请注意，在网点业务繁忙时，不要为缓解普通区域内的客户排队压力，疏散部分普通客户进入贵宾区域办理业务，这不利于贵宾客户的隐私保护及 VIP 体验。

图片参考：

098 贵宾（理财）服务区域常备至少 2 种饮品，工作人员主动询问客户饮品需求。（2 分）

检查方式：现场观察。

指标变化：将“区”调整为“区域”，分值由 2.0 版本的 3 分调整为 2 分。

重点关注：

- 对于较为熟悉的客户，工作人员可根据客户的偏好，为客户选择相应的饮品和报刊等。对于不熟悉的客户，则应先征求客户的需求，然后提供相应的物品。
- 倒水时不要倒太满以免溢出，递水时需摆放在客户的右手边，以示尊敬。
- 饮品的配备至少准备 2 种以上，也可根据当地的特色，引入能够代表当地文化传统的特色饮品。

图片参考：

099 客户（理财）经理及时接待客户，主动礼貌问候、明示身份。（2分）

检查方式：现场观察、调阅监控、现场测试员工。

指标变化：减少“使用尊称”要求，分值由2.0版本的5分调整为2分。

重点关注：

- 客户（理财）经理空闲时，若有客户走到理财区门口时，客户（理财）经理应主动起身迎接客户。
- 若客户（理财）经理正在操作电脑、整理资料或接电话等，无法起身迎接客户，需向客户点头示意、目光注视客户、言语招呼客户或通过手势请客户就座。
- 客户（理财）经理面对新客户时，要主动递送名片向客户明示身份，递送名片时要使用双手且名片名字方向朝向客户。

图片参考：

100 客户（理财）经理上岗，持有行业或系统内认证的个人理财上岗资格证书。（4分）

检查方式：现场观察。

指标变化：将2.0版本“显著位置公示”移至62条。

重点关注：

- 销售区域内在岗的客户（理财）经理，必须是在销售区进行公示的员工，并且持有行业或系统内认可的资格证书，以保障客户的知情权和选择权。

图片参考：

101 客户（理财）经理业务熟练，熟悉本行金融产品，并可通过电子屏显设备或其他方式，准确熟练向客户介绍。（3 分）

检查方式：现场观察、调阅监控、现场测试员工。

指标变化：将“理财产品”调整为“金融产品”，“可通过电子屏显设备等辅助手段”调整为“可通过电子屏显设备或其他方式”。

重点关注：

- 金融产品介绍的形式包括但不限于：电脑终端、电子相框或宣传折页等。请注意，介绍内容中不能有贬低同业的内容。
- 客户（理财）经理向客户介绍相关金融产品时，需要表现出以下基础素质：

（1）精良的业务素质。客户（理财）经理对于所售的理财产品的相关要素了解清晰，面对客户询问时能够客观、全面、通俗易懂地进行讲解，并能根据不同客户的实际状况给出科学可行的投资建议。

（2）良好的职业操守。实际工作当中要能够全面把握形势，时刻紧绷法律意识、风险意识之弦，注意平衡银行自身利益与客户利益之间的关系，其工作的目标不仅仅是卖出产品、多卖产品，更重要的是卖好产品，以此切实维护客户合法权益。

（3）有效的营销技能。在销售相关理财产品时，既要做到态度热情，使客户感觉如沐春风，又要注意实事求是，产品讲解深入浅出但不夸大虚饰，力求使客户真实的投资理财意愿得以实现。

图片参考：

案例分享：

一份金融产品说明/合同的正确打开方式

当银行员工向客户介绍和陈述一款金融产品/合同时，应协助客户以正确的步骤和方式进行解读：

（1）请引导客户对文件进行全面阅读并理解内容主旨，而后着重对文中关键信息予以特别关注及解释，对于客户有疑问的部分、表达较为晦涩的条款和专业金融术语要向客户一一解释并确认客户理解。

（2）请关注文件中的风险告知和期限条款。前者是为了明示这个产品的主要风险点，特别是保本与否、利率是固定利率还是浮动利率、是长期产品还是期间可打开申赎回，等等；后者在一定程度上可以理解为产品有效期。

（3）请关注产品期限结束时的回款条款，向客户标注出那些特别需要注意的要素和风险点。比如：提前赎回是否需要支付高额手续费、赎回费的设置和收取、赎回条件的设定，等等。尤其要提示的是，有一些理财或基金产品只能在特定的日期赎回，早于或超过这个期限都不能赎回。对于这类产品，应提醒客户在购买过程中除了要关注收益、费率等因素外，更要关注赎回日期，以及金融机构是否会在赎回期以前提供提醒服务。

（4）如果与客户沟通的是贷款类产品，请提醒客户：这类产品的价格就是利息，也就是消费者为了占有和使用银行提供的资金而支付的对价；有效期就是贷款期限，期限内消费者要按合同期内利率支付利息，超过期限则会产生昂贵的惩罚性利息和复利。

102 客户（理财）经理主动问询客户需求，耐心了解客户理财经历、风险偏好等，对客户的疑问能用浅显易懂的语言给出专业的回答。（5分）

检查方式：现场观察、调阅监控、现场测试员工。

指标变化：标准不变。

重点关注：

- 在业务办理前，客户（理财）经理应主动询问客户的需求和意愿。若客户已先于客户经理问询之前便表明需要办理何种业务的，客户（理财）经理不用再次询问客户需求，但可做其他产品的推介。
- 请注意，不要在客户一落座时就迫不及待进行产品营销，需要耐心地询问客户的理财经历、风险偏好等，要坚持将合适的产品和服务提供给适当的消费者，并使用通俗的、易于理解的语言与客户进行沟通。

图片参考：

103 按照监管要求，合规诚信销售产品，进行必要的风险揭示，语言通俗易懂。（5分）

检查方式：现场观察、调阅监控、现场测试员工。

指标变化：删除了“将风险提示放在首位”。

重点关注：

- 合规诚信是产品销售的关键。在产品销售中，不得私售“飞单”交易、不得贬低同业的产品和服务、不得夸大本行的产品和服务，在向客户推荐产品的过程中必须用通俗的语言充分揭示风险，以体现对消费者知情权的尊重。

图片参考：

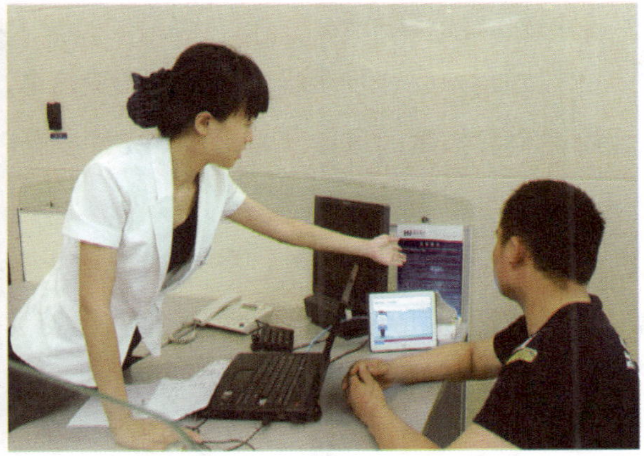

案例分享：

以下罗列几类消费者投诉多发的风险点，请客户（理财）经理在日常工作中，提升对于此类风险点的重视度，向客户进行通俗易懂的风险提示。

（1）预期收益 & 实际收益。

客户选择银行理财产品是为了获取更高的收益，因此，高收益往往成为银行宣传理财产品时，吸引客户眼球的一个撒手锏。客户（理财）经理应该站在实事求是的角度，可以适当表述此前发行的同类理财产品均达到预期收益，但是仍要向客户强调预期收益并非法定意义上的实际收益，确保客户知晓两者之间的区别。更需要引起重视的是，个别结构化理财产品不仅无法达到预期收益，甚至连本金都可能出现亏损，普通客户对于此类产品缺乏必要的金融知识和分辨能力，一旦购买后发生本金亏损，极易引发投诉和纠纷。

（2）普通类理财产品 & 非普通类理财产品。

普通类理财产品主要以固定收益类金融产品为主，客户的传统思维中会认定这类产品都是保本保息的；而非普通类理财产品则包括各种保险（投资类）产品、结构化理财产品、收益浮动型理财产品等等。

（3）标准募集期 & 延长募集期。

理财产品在发售时都会有募集期，时间从两三天到半个月不等。在募集期这一段时间里，用户的资金是没有收益的，最多也只是按照活期利率计息。对于理财产品来说，募集期越长，实际收益率就会越低。这在一些短期理财产品上体现得非常明显。例如某一款理财产品的预期收益率为 6%，时间为 30 天，募集期为 5 天，如果用户在募集期的第一天就购买该产品，那么最后的实际收益率为 6%×30÷35=5.14%，明显低于 6% 的预期收益率。对于募集期的相关说明请在客户购买该产品之初就向客户阐述明白，以免客户对于收益摊薄之事产生不必要的纠纷。

（4）信息披露完整。

关于理财产品的投资标的、背景调查信息、资金投资用途、收费项目、信息更新情况相关要素都是信息披露的重点，需向客户完整披露。

104 客户表达购买意向时，客户（理财）经理按规定对客户进行必要、客观、真实的风险偏好、风险认知和风险承受能力等相关内容测试，并得到客户本人书面确认，确保将合适的产品和服务提供给合适的客户。（7 分）

检查方式：现场观察、检查相关测评问卷、调阅监控、现场测试员工。

指标变化：将 2.0 版本中“风险评估测试”内容具体化，包括：“风险偏好、风险认知和风险承受能力等相关内容测试”；增加要求“确保将合适的产品和服务提供给合适的客户”，分值由 2.0 版本的 5 分调整为 7 分。

重点关注：

- 风险评估测试是根据监管机构的要求，由各银行自行设计的测试问卷。在测评过程中客户（理财）经理不得诱导客户，让客户自主选择评测。
- 目前各大银行对于消费者风险承受能力的评估分类一般包括：保守型、稳健型、平衡型、增长型、进取型、激进型。
- 对于风险评估必要性的理解：有的客户认为，银行要求客户做风险评估是为了回避银行自身的经营风险，为了免责，其实，银行对于客户的风险评估从本质上讲是控制风险而不是回避风险。风险总是存在的，并且与收益呈正相关，风险越大收益越高。银行的主业就是经营风险，通过银行的风险评估手段尽可能地识别出某一位客户能够承担的或者不能承担的风险。在银行的风控体系中，最基本要求就是信息对称。而如何实现这种信息对称呢？不仅要让客户对于购买的产品有详细的了解，银行也要对客户自身的情况做到高度了解，确保将合适的产品和服务提供给合适的客户。

图片参考：

105 按照客户风险承受能力推荐相应的产品，充分告知客户产品特性、收费情况及客户权益，无诋毁、贬低同业现象，无误导、诱导客户现象，严禁销售未在本行产品信息查询平台上收录的产品。（6 分）

检查方式：现场观察、调阅监控、现场测试员工。

指标变化：将 2.0 版本中“严禁私售理财”要求具体化为“严禁销售未在本行产品信息查询平台上收录的产品”。

重点关注：

- 本条主要呈现了三大重点，分别是：适当性原则（合适的产品卖给合适的人）、尊重消费者知情权、尊重消费者自主选择权。
- 适当性原则：金融机构应当对金融产品和服务的风险及专业复杂程度进行评估并实施分级动态管理，完善金融消费者风险偏好、风险认知和风险承受能力测评制度，将合适的金融产品和服务提供给适当的金融消费者。通俗来说，就是将合适的产品卖给合适的人。
- 尊重消费者的知情权：金融机构应当加强产品和服务信息的披露，并在产品和服务推介过程中主动向消费者真实说明产品和服务的性质、收费情况、合同主要条款等内容，禁止欺诈性、误导性宣传，提高信息真实性和透明度，合理揭示产品风险，以便消费者根据相关信息做出合理判断，且无诋毁、贬低同业现象发生。
- 尊重消费者自主选择权：金融机构应当在法律法规和监管规定允许范围内，充分尊重消费者的意愿，由消费者自主选择、自行决定是否购买产品或接受服务，不得强买强卖，不得违背消费者意愿搭售产品和服务，不得附加其他不合理条件，不得采用引人误解的手段诱使消费者购买其他产品。
- 金融服务是一种特殊的服务形式，客户接受的大多是金融机构提供的格式条款合同，这种合同在节约时间、降低运营成本、提高工作效率等方面发挥很大的优势。但是随着金融产品的发展以及消费者维权意识的提高，格式化合同在限制竞争、减少自身责任、扩大对方义务等方面确实也存在局限，有待提升和完善。请客户（理财）经理注意，遇到以下常见格式合同条款时，请予以关注：

（1）免责或限责条款：主要包括业务捆绑搭售、理财产品预期收益、超额收益等。

（2）单方收费条款：主要包括收取小额管理费、提前还款违约金、信用卡全额罚息、汇款失败仍收取手续费等。

（3）解释权条款：主要包括“本人已详细阅读上述条款，并完全接受条款内容”“本合同最终解释权归 XX 机构”等陈述。

图片参考：

106 在产品销售专区内实现自有理财产品与代销产品销售过程全程同步录音录像，完整客观地记录营销推介、相关风险和关键信息提示、客户确认和反馈等重点销售环节；录制过程中保护客户隐私，注重客户体验；妥善留存客户已明确知晓产品重要属性和风险信息的相关证据。（10 分）

检查方式：现场观察、调阅监控、现场测试员工。

指标变化：新增，分值为 10 分。

重点关注：

- 为规范银行业金融机构销售行为，切实维护消费者合法权益，2017 年 8 月，银监会发布《银行业金融机构销售专区录音录像管理暂行规定》，要求银行业金融机构实施专区“双录”，即设立销售专区并在销售专区内装配电子系统，对自有理财产品及代销产品销售过程同步录音录像。
- 银监会关于《暂行规定》的发文背景：近年来，银行业金融机构自营理财及代理销售业务发展较快，产品种类逐步增多，复杂性日益提升，规模不断扩大，部分机构在开展业务过程中出现了误导销售、私自销售产品等问题，致使消费者相关合法权益遭到侵害。2015 年底，国务院办公厅出台了《加强金融消费者权益保障工作的指导意见》，这是第一次以‘金融消费者’作为题目的规范性文件。2016 年，“一行三会”下发了关于银行业消费者合法权益保障、促进相关银行工作的指导意见。其后，银监会根据上述两个综合性意见，出台了系列规范性文件，其中关于“双录”的指导意见，是最新的暂行规定。

· 《暂行规定》中首次发布的新内容：

（1）进一步明确了适用的产品范围：银行业金融机构代销国债及实物贵金属，可根据实际情况自行决定是否纳入专区“双录”管理。除此之外的理财及代销产品，均应实施专区“双录”管理。

（2）对自助购买过程中的销售人员代客操作、介入营销等事项做出限制。

（3）要求机构设计统一的服务话术标准：话术中至少应包括产品类型、发行机构、风险等级、收益类型、产品匹配度等内容。

· 《暂行规定》对“双录”管理体系建设提出相应要求：

（1）强化机构主体责任。银行业金融机构要建立健全“双录”管理制度，通过加强内部监督检查、完善激励约束机制、强化责任追究等方式确保政策要求得到贯彻落实。

（2）强化评估检查。各级监管机构要通过评估检查等方式，及时发现问题，并督促机构严肃整改。

（3）强化问责。

· 目前，各家银行采用的“双录”设备不尽相同，客户体验过程也有所差异，可就此与客户做好沟通。

· “双录”信息的保存方式要求进行双备份，做到异地（异楼）保管。

图片参考：

107 客户离开时，客户（理财）经理通过点头示意、握手或语言等方式礼貌送别客户。（1分）

检查方式：现场观察、调阅监控、现场测试员工。

指标变化：新增，分值为 1 分。

重点关注：

· 客户业务办理完毕后，客户（理财）经理应向客户道别。

· 贵宾客户离开贵宾区域时，如客户（理财）经理没有其他客户等候和事情，建议将贵宾客户送出贵宾区。

· 如客户自行驾车来网点，应为客户安排取车事宜。

图片参考：

108 客户（理财）经理熟悉所负责贵宾客户群体的基本情况，定期联系客户，提供专属服务，推荐本行金融产品。（3分）

检查方式：现场观察、检查相关记录、现场测试员工。

指标变化：指标变化：标准不变，分值由 2.0 版本的 5 分调整为 3 分。

重点关注：

· 各行应制定《客户（理财）经理管理办法》，内容包括但不限于：客户（理财）经理的管理职责和任务、日常工作规范、产品管理制度、客户管理制度、客户维护制度、客户定期联系制度等。

· 客户（理财）经理应做好客户信息记录，包括性别、年龄、联系方式、偏好等。

· 为确保客户信息的安全，客户（理财）经理整理的所管客户相关信息资料必须保存在单位的工作电脑上，不得下载到个人手机上或打印成册；若工作调动后须及时办理交接。

图片参考：

109 不定期组织举办针对贵宾客户的专题活动。（3 分）

检查方式：现场观察、检查相关记录、现场测试员工。

指标变化：标准不变，分值由 2.0 版本的 5 分调整为 3 分。

重点关注：

· 网点应制定《贵宾客户专题活动办法及实施细则》，并保存每次活动的议程内容和现场照片（视频）。

· 贵宾客户专题活动的形式可丰富多彩，每次活动都要不断创新，从而吸引更多的贵宾客户参与其中。

图片参考：

5.3 // 对公服务

3.0 版与 2.0 版对比明细

序号	2.0 版考核内容	分值	序号	3.0 版考核内容	分值	对比
	项目：5.3 对公服务	30		项目：5.3 对公服务	25	分值由 2.0 版本的 30 分调整为 25 分
108	客户到达时，对公业务人员微笑示意、主动问候，使用尊称，对经常光顾的客户主动尊称其姓氏或职务	2	110	客户到达时，对公业务人员微笑示意、主动礼貌问候	2	将“使用尊称，对经常光顾的客户主动尊称其姓氏或职务”概括为“礼貌问候”
109	对公业务人员主动问询客户需求，了解客户基本情况，受理客户业务申请，根据客户需求推荐相应的产品和服务	2	111	对公业务人员主动问询客户需求，了解客户基本情况，受理客户业务申请，根据客户需求推荐相应的产品和服务	2	标准不变
110	对公业务人员熟悉本行产品和服务，对客户的疑问、咨询，能用浅显易懂的语言，给出专业的回答	2	112	对公业务人员熟悉本行产品和服务，能以浅显易懂的语言，专业解答客户的疑问、咨询	3	将“对客户的疑问、咨询，能用浅显易懂的语言，给出专业的回答”调整为“能以浅显易懂的语言，专业解答客户的疑问、咨询”，分值由 2.0 版本的 2 分调整为 3 分
111	对公客户服务区在显著位置向客户公示业务联系及服务监督电话	2				此两条删除
112	业务处理流程公开透明，使客户详尽知晓具体路径和方法，诚信践诺、高效履约	2				
113	严格执行开销户管理制度，不得擅自违反规定为客户办理	2	113	严格执行开销户管理制度，不得擅自违反规定为客户办理	1	标准不变，分值由 2.0 版本的 2 分调整为 1 分
114	严格执行结算管理制度，提高结算业务办理效率，不得出现故意压票、退票	2	114	严格执行结算管理制度，不得故意压票、退票	2	删除了“提高结算业务办理效率”

（续表）

115	加强中间业务收费管理，严格遵守不准以贷转存、以贷收费、借贷搭售等相关规定	5	115	加强中间业务收费管理，严格遵守不准以贷转存、以贷收费、借贷搭售等相关规定	5	标准不变
116	在发放贷款或其他方式提供融资服务时，不得强制捆绑、搭售理财、保险、基金等金融产品	5	116	在发放贷款或其他方式提供融资服务时，不得强制捆绑，不得借贷搭售	5	将“搭售理财、保险、基金等金融产品”调整为“不得借贷搭售”
117	对公业务人员按规定时限处理业务，在答复期限内，及时给予明确的答复	2				此条删除
118	设置对公业务电子回单柜或回单打印机等机具；妥善保管客户交易信息，不得擅自对外泄露或者披露客户信息资料，保护客户隐私权	2	117	设置对公业务电子回单柜或提供回单自助打印服务，妥善保管客户交易信息	3	将2.0版本中要求“妥善保管客户交易信息，不得擅自对外泄露或者披露客户信息资料，保护客户隐私权”移至3.0版本184、185条，分值由2.0版本的2分调整为3分
119	对公业务人员定期向客户进行对账，发放率及对账率符合监管部门和上级行的要求	2	118	对公业务人员定期向客户进行对账，发放率及对账率符合监管部门和上级行的要求	2	标准不变

110 客户到达时，对公业务人员微笑示意、主动礼貌问候。（2分）

检查方式：现场观察、调阅监控。

指标变化：将“使用尊称，对经常光顾的客户主动尊称其姓氏或职务”概括为“礼貌问候”。

重点关注：

- 当客户走近柜台，对公业务人员以微笑示意客户，保持一定的亲和力，并主动问候客户。对于“微笑示意”的呈现结果，每个客户的感受是不一样的，没有所谓绝对的标准。关键是对公业务人员在接待客户时要呈现出良好的亲和力和专业风范。
- 来银行的对公客户往往是单位会计（出纳）或财务主管，对公业务人员对他（她）们比较熟悉，更应该坚持礼貌、热情的服务，不能因为熟人而忽视了服务标准，但在服务话术上可适当进行调整，让服务过程和谐舒适。

图片参考：

111 对公业务人员主动问询客户需求，了解客户基本情况，受理客户业务申请，根据客户需求推荐相应的产品和服务。（2分）

检查方式：现场观察、调阅监控 。

指标变化：标准不变。

重点关注：

- 对公业务人员在接待客户时，应主动询问客户的需求，不要因为是熟人而实行被动服务；如有新产品和服务的推出，可主动介绍推广。
- 对公业务人员在接待来行开户的客户时，需耐心细致地讲解相关开户流程和所需办理开户的相关证件，避免为开一个户客户多次往返跑银行。
- 请注意，客户离柜时千万不要朝客户的背影道别。

图片参考：

112 对公业务人员熟悉本行产品和服务，能以浅显易懂的语言，专业解答客户的疑问、咨询。（3分）

检查方式：现场观察、调阅监控。

指标变化：将“对客户的疑问、咨询，能用浅显易懂的语言，给出专业的回答”调整为“能以浅显易懂的语言，专业解答客户的疑问、咨询”，分值由2.0版本的2分调整为3分。

重点关注：

- 对公业务人员在向客户推介本行产品和服务时，应根据企业的需求进行，力争用浅显易懂的语言给出专业的解答，在产品和服务推介过程中不得贬低同业的产品和服务。
- 对公业务人员还应学习和了解本行对私业务的产品和服务，在营销过程中可联动推介，以提高企业客户的满意度。

图片参考：

113 严格执行开销户管理制度，不得擅自违反规定为客户办理。（1分）

检查方式：现场观察、调阅监控、现场测试员工。

指标变化：标准不变，分值由2.0版本的2分调整为1分。

重点关注：

- 对公业务人员在为客户开销户时，必须严格按照中国人民银行《人民币结算账户管理办法》等文件执行，杜绝未经客户同意私自办理各项业务现象的发生。
- 网点可以设计、提供企业开销户的流程卡片，注明办理开销户业务时需要携带的各类证件和注意事项等。

· 对于小微企业的开销户更要严格执行银行的相关规章制度，并签订相应协议。

图片参考：

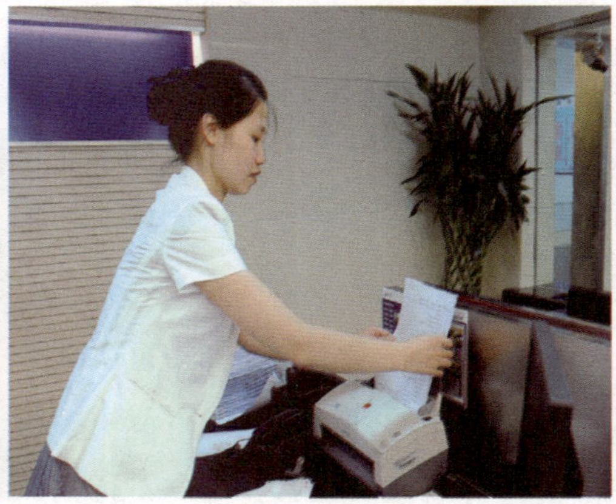

案例分享：

近几年以来，针对企业的对公业务金融诈骗案件逐渐增多，欺诈手法层出不穷，对公业务员工需要提高警惕性，加强相关业务知识培训，跟进对于相关案例的学习和分析。在日常工作用，请注意以下几点：

（1）改变惯性思维，注意欺诈业务变化趋势，全面做好欺诈业务的堵截工作。例如，虚假开户，挪用他人身份证等违法手段过去多发生在个人开户业务办理中，而这些手段现在亦被用于对公业务操作中，且恶劣程度有过之而无不及。对此，在办理业务过程中，员工要改变惯性思维，只要涉及需要客户资料证明的相关业务，在坚持运用各项规章制度的前提下，要充分加强细节审查，不放过任何疑点，严格审查严格核对。

（2）在审查核对工作过程中，坚持遵守规章制度的独立性，避免被“客户”诱导。

（3）加强学习，在掌握业务技能的同时，全面了解欺诈、作假等问题业务的详细案情。网点可以根据国家和地区经济政治的最新动向，指导员工学习相关规章制度、掌握经济生活中出现的新问题、新情况、新案例，提升员工业务素质及业务处理能力。

114 严格执行结算管理制度，不得故意压票、退票。（2分）

检查方式：现场观察、调阅监控、现场测试员工。

指标变化：删除了“提高结算业务办理效率”。

重点关注：

- 对公业务人员必须严格按照中国人民银行《支付结算管理办法》等文件执行，相关要点内容需加强学习。在日常工作中，严格执行相关结算纪律，尤其注意在月末、季度末等重要时间节点不要为完成任务计划而采取压票、退票方式，对客户的大额资金转出进行限制。

图片参考：

115 加强中间业务收费管理，严格遵守不准以贷转存、以贷收费、借贷搭售等相关规定。（5分）

检查方式：现场观察、调阅监控、现场测试员工。

指标变化：标准不变。

重点关注：

- 严格按照中国银行业监督管理委员会《关于整治银行业金融机构不规范经营的通知》（银监发［2012］3号）等文件执行。
- 严格加强中间业务收费管理，不得将贷款利息转成中间业务收入，不得分签贷款合同，不得出现“不收费不服务、一收费乱服务”现象，不得以咨询名义乱收费等。

图片参考：

116 在发放贷款或其他方式提供融资服务时，不得强制捆绑，不得借贷搭售。（5 分）

检查方式：现场观察、调阅监控、现场测试员工。

指标变化：将“搭售理财、保险、基金等金融产品”调整为“不得借贷搭售”。

重点关注：

- 不得在企业申请贷款或融资时，进行强买强卖；不得要求企业购买保险、债券、理财产品、基金等。
- 杜绝搭售行为，根据银监会相关规定要求，银行业金融机构应遵循信贷业务“七不准”规定与服务收费“四公开”原则。

图片参考：

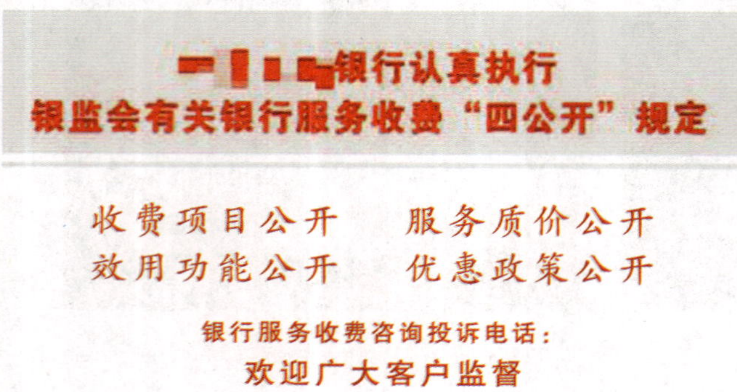

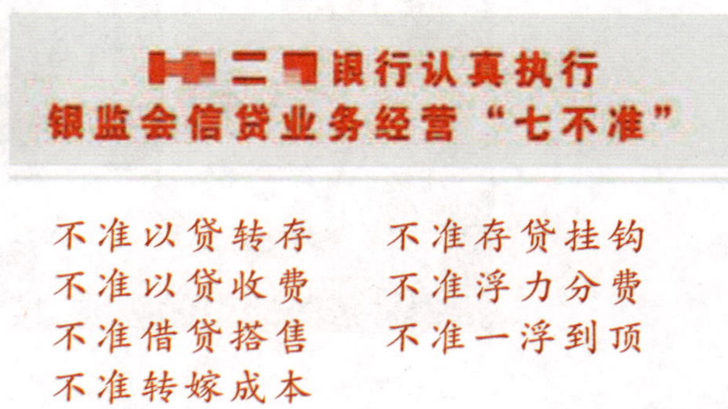

117 设置对公业务电子回单柜或提供回单自助打印服务，妥善保管客户交易信息。（3 分）

检查方式：现场观察。

指标变化：将 2.0 版本中要求“妥善保管客户交易信息，不得擅自对外泄露或者披露客户信息资料，保护客户隐私权。”移至 3.0 版本 184、185 条。分值由 2.0 版本的 2 分调整为 3 分。

重点关注：

- 开办对公业务的网点应配备电子回单柜或提供回单自助打印服务。
- 请注意妥善保管客户的交易信息。例如：在使用电子回单柜时，请工作人员确保将企业交易凭据完整放入回单槽，而不要顺手一塞，留有部分页 / 纸在回单槽外面。

图片参考：

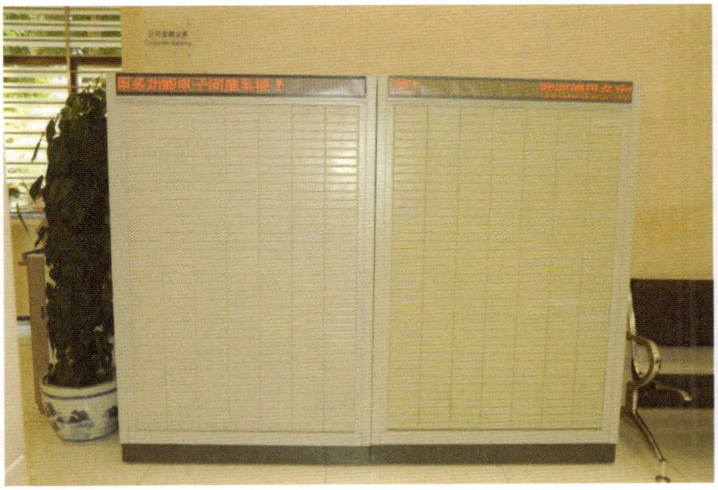

118 对公业务人员定期向客户进行对账，发放率及对账率符合监管部门和上级行的要求。（2分）

检查方式：现场观察、检查相关制度和记录。

指标变化：标准不变。

重点关注：

- 各行应根据中国人民银行的《人民币结算账户管理办法》第44条的要求，网点应根据监管机构、上级行要求制定相关的办法或规定，定期（月、季度、半年、年度）开展银企对账。
- 对账单的发放可采用邮寄的方式，尤其对发放率和回收率要有详细的记录。

图片参考：

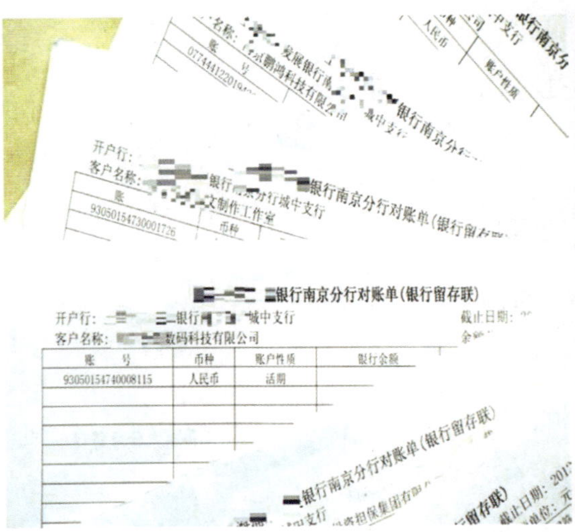

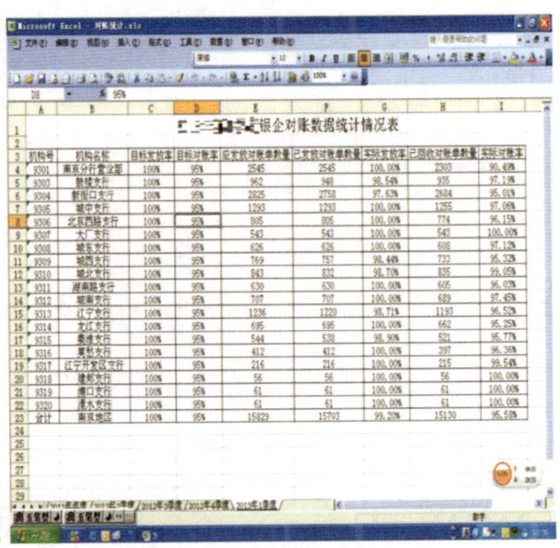

银企对账数据统计情况表

机构号	机构名称	目标发放率	目标对账率	应发放对账单数量	已发放对账单数量	实际发放率	已回收对账单数量	实际对账率
9301	南京分行营业部	100%	95%	2545	2545	100.00%	2303	90.49%
9303	鼓楼支行	100%	95%	962	948	98.54%	935	97.19%
9304	新街口支行	100%	95%	2825	2758	97.63%	2684	95.01%
9305	城中支行	100%	95%	1293	1293	100.00%	1255	97.06%
9306	北京西路支行	100%	95%	805	805	100.00%	774	96.15%
9307	大厂支行	100%	95%	543	543	100.00%	543	100.00%
9308	城东支行	100%	95%	626	626	100.00%	608	97.12%
9309	城西支行	100%	95%	769	757	98.44%	733	95.32%
9310	城北支行	100%	95%	843	832	98.70%	835	99.05%
9311	湖南路支行	100%	95%	630	630	100.00%	605	96.03%
9312	城南支行	100%	95%	707	707	100.00%	689	97.45%
9313	江宁支行	100%	95%	1236	1220	98.71%	1193	96.52%
9314	龙江支行	100%	95%	695	695	100.00%	662	95.25%
9315	秦淮支行	100%	95%	544	538	98.90%	521	95.77%
9316	莫愁支行	100%	95%	412	412	100.00%	397	96.36%
9317	江宁开发区支行	100%	95%	216	216	100.00%	215	99.54%
9318	建邺支行	100%	95%	56	56	100.00%	56	100.00%
9319	浦口支行	100%	95%	61	61	100.00%	61	100.00%
9320	溧水支行	100%	95%	61	61	100.00%	61	100.00%
合计	南京地区	100%	95%	15829	15703	99.20%	15130	95.58%

5.4 // 服务效率

3.0 版与 2.0 版对比明细

序号	2.0 版考核内容	分值	序号	3.0 版考核内容	分值	对比
项目：5.4 服务效率		30	项目：5.4 服务效率		30	
120	优化整合操作流程，提高业务办理效率；建立弹性服务制度，实行弹性排班	5	119	优化系统配置，整合操作流程，视情况合理交叉使用针对各类客户群体配置的服务人力、窗口、机具等资源，提高业务办理效率；建立弹性服务制度，实行弹性排班	8	将 2.0 版本中第 120 条与 177 条合并，分值由 2.0 版本的 2 条共 9 分调整为 8 分
177	优化系统配置，视情况合理交叉使用针对各类客户群体配置的服务人力、窗口、机具等资源，提高服务效率	4				
121	柜员办理业务熟练、准确、快捷、高效	5	120	柜员办理业务熟练、准确、快捷、高效	5	标准不变
122	以公告栏公示或客户提示卡等方式，提示本网点业务办理高低峰时段信息	5	121	以公告栏公示或客户提示卡等方式，提示本网点业务办理高低峰时段信息	2	标准不变，分值由 2.0 版本的 5 分调整为 2 分
123	无因客户排长队而投诉的现象	5	122	客户等候管理得当，适时进行情绪安抚，无因客户排长队而投诉的现象	6	增加“客户等候管理得当，适时进行情绪安抚”要求，分值由 2.0 版本的 5 分调整为 6 分
124	加强快速业务办理窗口的管理，保持快速窗口的畅通	5	123	加强快速业务办理窗口的管理，保持快速窗口的畅通	3	标准不变，分值由 2.0 版本的 5 分调整为 3 分
125	营业厅各岗位建立联动响应服务机制，通过配置呼叫设备、使用管理手语等方式，实现各服务环节的互动交流、联动协作服务	5	124	各岗位建立联动响应服务机制，通过配置呼叫设备、使用管理手语等方式，实现各服务环节的互动交流、联动协作服务，各岗位衔接顺畅，客户服务流程合理	6	增加“客户服务流程合理”要求，分值由 2.0 版本的 5 分调整为 6 分

119 优化系统配置，整合操作流程，视情况合理交叉使用针对各类客户群体配置的服务人力、窗口、机具等资源，提高业务办理效率；建立弹性服务制度，实行弹性排班。（8 分）

检查方式：现场观察、调阅监控、检查相关制度和记录。

指标变化：将 2.0 版本中第 120 条与 177 条合并，分值由 2.0 版本的 2 条共 9 分调整为 8 分。

重点关注：

- 2016 年 1 月，质检总局、国家标准委联合中国人民银行共同发布了《银行营业网点服务基本要求》，以及与之配套的《银行营业网点服务评价准则》标准。根据标准要求，营业网点应根据客流量弹性排班，设置弹性柜台或服务窗口等，为各网点实现差异化服务提供指导。
- 各网点都应制定弹性服务和弹性排班工作制度或办法，合理配置窗口服务与机具使用的分流，对客户要合理引导，不得强制客户使用机具。
- 对银行员工来说，实行弹性排班意味着需要提升“一专多能”的技能，建议网点根据实际情况酌情增加相应业务培训，以满足日常营运的需求。

图片参考：

120 柜员办理业务熟练、准确、快捷、高效。（5 分）

检查方式：现场观察、调阅监控。

指标变化：标准不变。

重点关注：

- 对客户的需求应及时给予解答，不能答非所问。
- 在业务办理过程中，既要快捷，又要确保准确，不得为营销客户或推介产品而放慢办理速度，引起客户反感。

图片参考：

121 以公告栏公示或客户提示卡等方式，提示本网点业务办理高低峰时段信息。（2分）

检查方式：现场观察。

指标变化：标准不变，分值由2.0版本的5分调整为2分。

重点关注：

· 本网点业务办理高低峰时段的信息公示，可采取公告栏或提示卡等方式。请注意其呈现位置和内容一定要醒目，便于客户一进网点就能够看见。

图片参考：

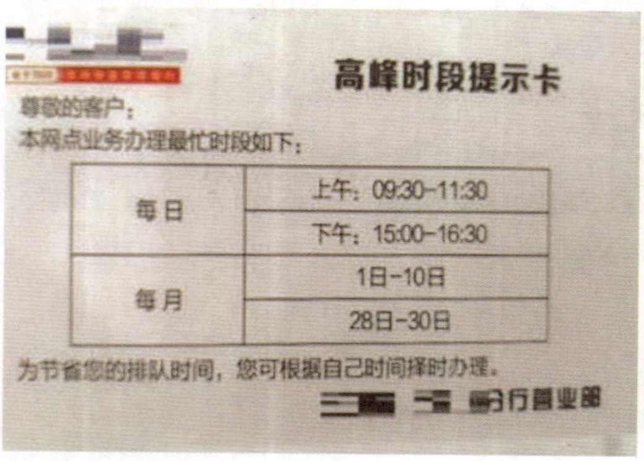

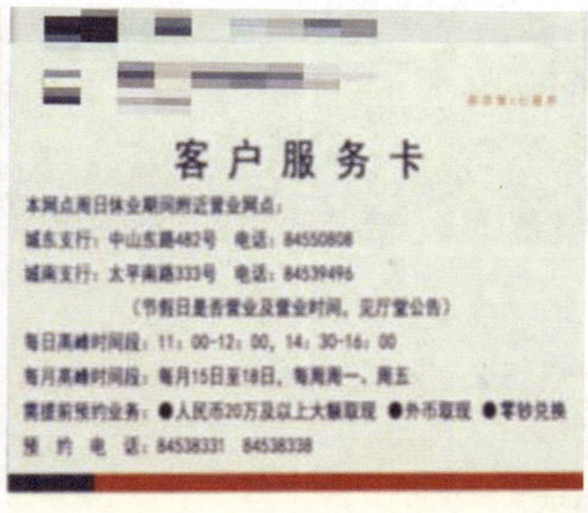

122 客户等候管理得当，适时进行情绪安抚，无因客户排长队而投诉的现象。（6分）

检查方式：现场观察、调阅监控。

指标变化：增加“客户等候管理得当，适时进行情绪安抚”要求，分值由2.0版本的5分调整为6分。

重点关注：

- 网点应根据其日常营运的特点制定符合自身实际情况的“排队应急处理方案”，可包括但不限于以下内容：

（1）合理估算不同季节、不同时段的对私业务量，在高峰临界点到来时，适当转换部分对公和对私柜台，以减少客户等待时间。

（2）有效识别二次分流的客群对象，建议以55岁以下的中青年人群为主。许多老年人对ATM、网银的使用不甚熟悉，有些甚至对使用电脑都有一定恐慌。因此对于老年人，网点仍应以提供便利的人工服务为主。此外，二次分流工作一定要充分尊重客户本人的意愿，不能强制分流。中老年客户首次使用自助机具时，工作人员一定要陪同指导客户使用。

（3）有效利用客户等待时间，通过多元化服务缓解等待的焦虑情绪。大部分客户在等待的时候都无所事事，对于他们而言，等待是漫长痛苦的，且负面情绪会随着等待时间的拉长而增加。如果在客户等待期间，能通过一些其他事情来分散注意力的话，等待就不会变得那么痛苦。网点可在等候区域开展诸如消保知识普及、理财小贴士宣传、递上一杯水、送上一本书等活动。请相信，在客户等待时适当地向其宣传消保知识，或者最新的金融产品，让客户在等待的时间内了解平时很难了解到的东西，这种做法远比在社区内设摊宣传更加有效。当然，介绍及宣传的内容必须是与客户相关的，才能吸引其注意。

（4）对于在网点等候超过15分钟以上的客户，需适时进行必要的安抚。

图片参考：

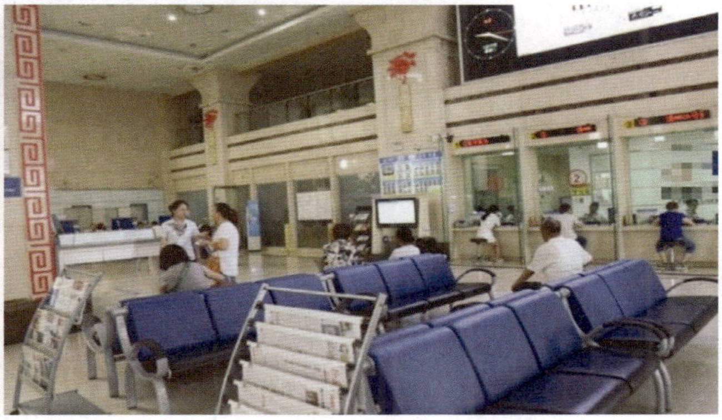

123 加强快速业务办理窗口的管理，保持快速窗口的畅通。（3 分）

检查方式：现场观察、调阅监控、检查相关制度。

指标变化：标准不变，分值由 2.0 版本的 5 分调整为 3 分。

重点关注：

- 网点应制定《快速业务办理窗口管理办法》，对使用快速窗口的客群进行定义，例如，70 岁以上的老年人、现役军人、残障人士等。请注意，“有据可查、有理可依”在网点日常工作中非常重要，在遇到客户纠纷、客户投诉事件时，可依据各行的相关制度和规定进行解释、调解。
- 建议按业务和客群不同对快速业务办理窗口进行有效分类管理：

（1）银行的业务有简复之分，普通的“存取转”业务就属于简单业务，业务耗时较短；而开户、开网银、买理财产品、买债券、基金等耗时较长的业务则归类于复杂业务。建议网点根据不同业务所需时间，合理安排叫号，将快速业务办理窗口的有效性发挥到最大，确保快速业务窗口保持高速的客户流动率。这样，在快速业务办理窗口前，每位客户都可以根据前面客户的办理速度来估算自己所需排队的时间。从而增加客户对银行的理解，避免发生争吵。

（2）面对不同客群，合理利用快速业务窗口，避免引发不必要的纠纷。例如，VIP 客户如需使用营业大厅内的快速业务窗口时亦要安排适度，要根据其业务性质进行合理安排，如果某位 VIP 客户办理的业务较为复杂，则不能安排至快速业务窗口，易引发其他排队客户的不满。

图片参考：

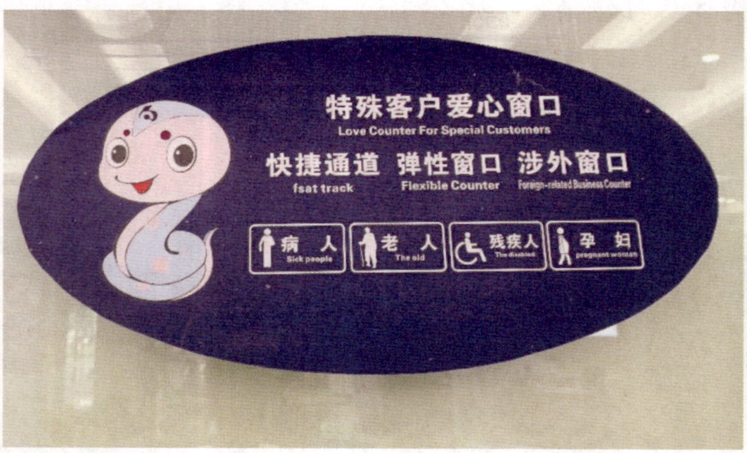

124 各岗位建立联动响应服务机制，通过配置呼叫设备、使用管理手语等方式，实现各服务环节的互动交流、联动协作服务，各岗位衔接顺畅，客户服务流程合理。（6 分）

检查方式：现场观察、调阅监控、检查相关制度。

指标变化：增加“客户服务流程合理”要求，分值由 2.0 版本的 5 分调整为 6 分。

重点关注：

- 各网点应制定《各岗位联动响应服务管理办法》，对相关联动机制、联动内容、联动程序、沟通方式等予以明确。
- 大堂经理是网点联动响应服务机制的核心人物，应加强相关业务的自我学习和实务演练。
- 网点工作人员应避免在网点内大声沟通，使用过于夸张的手势和肢体语言。联动最好的沟通方式是通过电子呼叫设备、内线电话和管理手语。
- 建议网点借助晨、夕会及服务专项会议时间，反复强调团队合作的重要性，增强全员的团队合作意识，并以案例分析、团队活动等多种形式将团队合作意识转变为岗位配合行为。
- 各网点内训师可定期有意识地总结和交流各自网点发生的具体服务事件，对内宣讲，对外交流，并带领各岗位员工进行岗位联动机制演练。

图片参考：

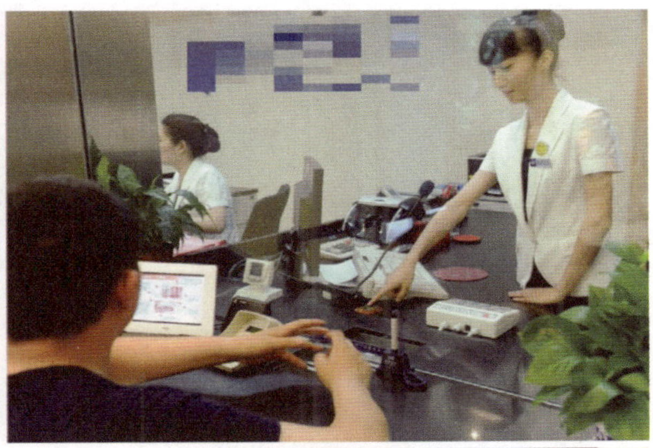

第六模块

员工管理

DI LIU MO KUAI

3.0 版与 2.0 版对比总图

2.0 版本考核内容	分值	3.0 版本考核内容	分值	对比
第六模块：员工管理	110	第六模块：员工管理	100	分值由 2.0 版本的 110 分调整为 100 分
项目：6.1 人员配备	20	项目：6.1 人员配备	15	分值由 2.0 版本的 20 分调整为 15 分
项目：6.2 员工仪容仪表	15	项目：6.2 员工仪容仪表	10	分值由 2.0 版本的 15 分调整为 10 分
项目：6.3 员工服务行为	40	项目：6.3 员工行为管理	40	
项目：6.4 员工权益保护与培训	35	项目：6.4 员工权益保护与培训	35	

核心要点解读

员工管理模块的总分值由 2.0 版本的 110 分，调整为 3.0 版本的 100 分，分值减少 10 分。

随着银行服务标准和服务规范的理念越来越深入人心，银行网点的人员配备、员工职业形象等各方面已经日趋完善，因此 3.0 版本将“人员配备”和“员工仪容仪表”两项考核内容各减少 5 分。与 2.0 版相比，本模块考核内容明确增加了对于消费者权益保护内容的培训，以及网点团队建设的要求，鲜明地突出了 3.0 版本的核心要点，即注重消保建设和员工关爱。

建议网点在常规培训的基础上，定期组织员工展开形式多样的消保培训，内容和培训方式可多样化，包括但不限于消保知识、消保案例、海外经验、模拟演练，甚至跨行业经验分享等。分行层面可统筹协调各辖行的消保培训资源，由各网点抽调一名内训师作为联络专员，及时上报和分享各自网点的最新消保案例和提升方案，由分行汇总编制后，再下发各网点进行内部学习。

6.1 // 人员配备

3.0 版与 2.0 版对比明细

<table>
<tr><th>序号</th><th>2.0 版考核内容</th><th>分值</th><th>序号</th><th>3.0 版考核内容</th><th>分值</th><th>对比</th></tr>
<tr><td colspan="2">项目：6.1 人员配备</td><td>20</td><td colspan="2">项目：6.1 人员配备</td><td>15</td><td>分值由 2.0 版本的 20 分调整为 15 分</td></tr>
<tr><td>126</td><td>按功能区域与岗位分工，人员配备充足</td><td>5</td><td>125</td><td>按功能区域与岗位分工，人员配备合理，人员业务技能满足岗位需求</td><td>3</td><td>将“人员配备充足”调整为“人员配备合理”，增加“人员业务技能满足岗位需求”要求，分值由 2.0 版本的 5 分调整为 3 分</td></tr>
<tr><td>127</td><td>配备至少两名大堂经理等服务引导人员，并能保证营业时间始终在岗；定编超过 25 人的网点有相当于网点副职级别的大堂服务人员从事现场服务管理</td><td>5</td><td>126</td><td>配备至少两名大堂经理等服务引导人员，并能保证营业时间始终在岗；定编超过 25 人的网点有相当于网点副职级别的大堂服务人员承担现场服务管理职责</td><td>4</td><td>将“从事现场服务管理”调整为“承担现场服务管理职责”，分值由 2.0 版本的 5 分调整为 4 分</td></tr>
<tr><td></td><td></td><td></td><td>127</td><td>配备具有理财和代销业务相应资格的专区销售人员，满足客户的理财类业务基本需要；除本行销售人员外，禁止其他任何人员在营业场所开展任何形式的营销活动</td><td>5</td><td>新增</td></tr>
<tr><td>128</td><td>配备具有手语交流能力的服务人员，满足特殊群体客户的基本需要</td><td>4</td><td rowspan="3">128</td><td rowspan="3">配备具有手语、英语口语、当地方言、当地少数民族语言交流能力的服务人员，满足业务交流需要</td><td rowspan="3">3</td><td rowspan="3">将 2.0 版本中 128、129、130 条合并为 1 条，分值由 2.0 版本的 3 条共 10 分调整为 3 分</td></tr>
<tr><td>129</td><td>配备具有英语口语交流能力的服务人员，满足涉外服务的基本需要</td><td>4</td></tr>
<tr><td>130</td><td>配备具有当地方言交流能力的服务人员，使用少数民族语言、文字的地区，配备具有少数民族语言交流能力的服务人员</td><td>2</td></tr>
</table>

125 按功能区域与岗位分工，人员配备合理，人员业务技能满足岗位需求。（3 分）

检查方式：现场观察、调阅监控。

指标变化：将“人员配备充足”调整为“人员配备合理”，增加“人员业务技能满足岗位需求”要求，分值由 2.0 版本的 5 分调整为 3 分。

重点关注：

- 人员配备合理：就是看网点各功能区域的规模与岗位配备是否满足网点日常业务的需求。例如，一般客户能够承受的等候时长以不超过 15 – 20 分钟为宜，网点应了解自身高峰时段的等候客户数量、等候时长等数据，确保高峰时期的人员配备满足业务处理的时效要求。
- 网点还应关注在岗人员的业务技能是否满足客户需求。

图片参考：

126 配备至少两名大堂经理等服务引导人员，并能保证营业时间始终在岗；定编超过 25 人的网点有相当于网点副职级别的大堂服务人员承担现场服务管理职责。（4 分）

检查方式：现场观察、调阅监控、检查相关制度 。

指标变化：将“从事现场服务管理”调整为“承担现场服务管理职责”，分值由 2.0 版本的 5 分调整为 4 分。

重点关注：

- 从客户感知角度看，大堂经理的服务能力和水平直接影响客户满意度。在银行产品同质化较为明显的时代，服务是银行可以真正体现差别化、个性化的唯一领域。对于一般的客户而言，他们很难看到和了解银行内部如何优秀，其对银行评价基本来自于社交圈人群从各种渠道获得的服务体验信息。网点大堂是客户进入网点的第一场所，大堂经理是客户最先接触到的人员，代表银行给客户的第一印象，是最为直接的服务体验。
- 高职级大堂管理人员不仅需要参与、管理网点厅堂的日常工作，更负责统筹与协调柜台和理财区域的营销和服务工作，是网点厅堂整体联动的核心人物。

图片参考：

案例分享：

以零售银行业务见长的美国银行，在其网点里却没有专职大堂经理，因为他们的网点经理从早到晚最重要的工作就是拿着大堂经理夹巡视大堂、服务客户，是名副其实的全职大堂经理。

127 配备具有理财和代销业务相应资格的销售人员，满足客户的理财类业务基本需要；除本行销售人员外，禁止其他任何人员在营业场所开展任何形式的营销活动。（5分）

检查方式：现场观察、调阅监控。

指标变化：新增，分值为5分。

重点关注：

- 关键是禁止第三方人员在网点内开展任何形式的营销活动。银监会于2016年5月发布了《关于规范商业银行代理销售业务的通知》（以下简称《通知》）。该通知分为基本原则、代销业务内部管理制度、合作机构管理、代销产品准入管理、销售管理、信息披露与保密管理及监督管理7个部分，共40条。《通知》要求，禁止非本行人员在营业网点从事产品宣传推介、销售等活动，不得将代销产品与存款或其自身发行的理财产品混淆销售。商业银行应对销售人员及其代销产品范围进行明确授权，禁止未经授权或超越授权范围开展代销业务。《通知》明确，开展代销业务应当遵守依法合规、符合代销有关金融产品资质要求、加强投资者适当性管理以及在代销业务与其他业务之间建立风险隔离制度等四项原则。商业银行只能代销由银监会、证监会和保监会依法实施监督管理、持有金融牌照的金融机构发行的金融产品，不得代销该范围以外的机构发行的产品，政府债券、实物贵金属和银监会另有规定的除外。
- 考虑到网点运营活动中的实际需求，网点与社保、医保、供应燃油汽等政府公共事业单位的合作活动中，社保、医保、和燃油汽企业派驻网点的人员除外。

- 销售人员必须是在网点销售专区公示及已取得相应销售资质的人员，未经公示的任何人不得从事任何理财产品的销售工作。

图片参考：

128 配备具有手语、英语口语、当地方言、当地少数民族语言交流能力的服务人员，满足业务交流需要。（3分）

检查方式：现场观察、现场测试员工。

指标变化：将2.0版中的128、129、130条合并为1条，分值由2.0版本的3条共10分调整为3分。

重点关注：

- 网点员工的手语、英语和方言能力以满足银行常规业务需求为主，且大堂区域和柜台区域均需要配备具有相关能力的员工。网点可在大堂醒目处公示本网点可提供服务的语种，以及相应的人员姓名、岗位及照片。
- 网点可根据自身地理位置、业务特点和客群特色，安排具备相应能力的员工以提升客户体验。例如，在涉外旅游区域的网点可增配精通外语的员工；在少数民族地区的网点可安排了解当地少数民族语言和民族习惯的员工；在医院或者残障人士集中地区配备精通手语的员工，等等。

图片参考：

案例分享：

某网点附近有多家敬老院和福利工厂，服务区域内集中了几百位视听障碍人士，因此该网点承担着为附近老年客群和视听障碍人士提供金融服务和代发养老金等工作。为了有效地为听力障碍人士提供高效的特色金融服务，该网点全体员工一起自学手语，网点每名员工都能为客户提供手语服务；同时网点还将盲道铺设进营业厅，为有视力障碍的客户提供行动上的便利。该网点被听力障碍人士亲切地称为“手语银行”，而网点的员工则被称为“手语天使”。

6.2 // 员工仪容仪表

3.0 版与 2.0 版对比明细

序号	2.0 版考核内容	分值	序号	3.0 版考核内容	分值	对比
项目：6.2 员工仪容仪表		15	项目：6.2 员工仪容仪表		10	分值由 2.0 版本的 15 分调整为 10 分
131	员工统一佩戴工作胸牌或摆放中英文服务公示牌（或电子显示屏），并明示本行标识，以及员工工号或姓名	5	129	员工统一佩戴工作胸牌或摆放中英文服务公示牌（或电子显示屏），并明示本行标识（如佩戴行徽），以及员工工号或姓名	3	在“明示本行标识”要求中增加了“如佩戴行徽”的举例，分值由 2.0 版本的 5 分调整为 3 分
132	员工形象大方，着装规范、统一、整洁，妆容、发式、饰物、鞋袜等不夸张，符合上岗规范	5	130	员工形象大方，着装规范、统一、整洁，妆容、发式、饰物、鞋袜等不夸张，符合本行上岗规范	4	将“符合上岗规范”调整为“符合本行上岗规范”，分值由 2.0 版本的 5 分调整为 4 分
133	员工精神饱满，站姿挺拔、坐姿端庄、行姿稳健，体现良好的修养和职业形象	5	131	员工精神饱满，站姿挺拔、坐姿端庄、行姿稳健，体现良好的修养和职业形象	3	标准不变，分值由 2.0 版本的 5 分调整为 3 分

129 员工统一佩戴工作胸牌或摆放中英文服务公示牌（或电子显示屏），并明示本行标识（如佩戴行徽），以及员工工号或姓名。（3 分）

检查方式：现场观察、调阅监控。

指标变化：在“明示本行标识”要求中增加了“如佩戴行徽”的举例，分值由 2.0 版本的 5 分调整为 3 分。

重点关注：

- 必须佩戴统一工牌。工牌可包括胸牌、挂牌或柜台工作牌三种形式，新员工及实习人员须佩戴实习人员标识牌。
- 建议工号牌佩戴位置应在左胸上方，工号牌不得佩戴在工装衣兜内，不得佩戴在西装外翻领上。网点可为高柜员工配备中英文服务公示牌（或电子显示屏）。

图片参考：

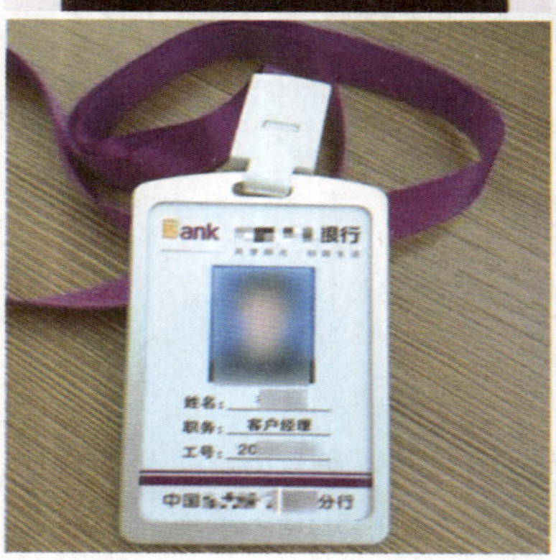

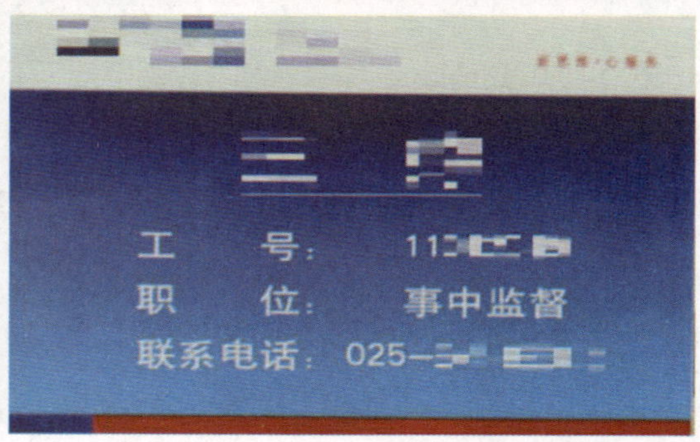

130 员工形象大方，着装规范、统一、整洁，妆容、发式、饰物、鞋袜等不夸张，符合本行上岗规范。（4 分）

检查方式：现场观察、调阅监控。

指标变化：将“符合上岗规范”调整为“符合本行上岗规范”，分值由 2.0 版本的 5 分调整为 4 分。

重点关注：

· 男 / 女员工仪容仪表注意事项：

图片参考：

131 员工精神饱满，站姿挺拔、坐姿端庄、行姿稳健，体现良好的修养和职业形象。（3 分）

检查方式：现场观察、调阅监控。

指标变化：标准不变，分值由 2.0 版本的 5 分调整为 3 分。

重点关注：

站姿
- 站姿不挺拔，身体歪斜
- 将身体的侧面或背面朝向客户，会让对方感受不被重视和遭到冷落
- 站立时靠在柜台边缘

坐姿
- 客户上前办理业务和离开时都坐在位置上
- 久坐后易出现驼背弓腰的现象

目光
- 为客户服务时没有目光接触，客户感觉不到服务热情
- 客户咨询问题时，一边回答一边在处理自己的事务

手势
- 单手递接卡证
- 无指示密码器和签字位置
- 指示位置时用“一阳指”

礼貌用语
- 用语不规范，直接询问客户办理什么业务，缺少“请”“您”等礼貌用语
- 语气表达较为生硬，给人冷冷的感觉

图片参考：

6.3 // 员工行为管理

3.0 版与 2.0 版对比明细

序号	2.0 版考核内容	分值	序号	3.0 版考核内容	分值	对比
项目：6.3 员工服务行为		40	项目：6.3 员工行为管理		40	
			132	加强员工行为管理，贯彻执行员工行为标准、职业操守制度，鼓励员工坚决抵制各类违法违规行为，防范各类外部风险	5	新增
134	员工微笑服务，热情周到，表情自然，有亲和力和良好的沟通能力	5	133	员工微笑服务，热情周到，保持对客户的自然关注，有亲和力和良好的沟通能力	5	将 2.0 版的第 134 条与 137 条整合，分值由 2.0 版本的 2 条共 10 分调整为 5 分
137	员工适时与客户进行目光交流，保持对客户的自然关注	5				
135	员工语言规范，语速平稳，使用文明服务用语，首问使用普通话	5	134	员工语言规范，语速平稳，使用文明服务用语，首问使用普通话	5	标准不变
136	员工服务行为专业得体，举止文雅大方，手势自然，动作规范	5	135	员工服务行为专业得体，举止文雅大方，手势自然，动作规范	5	标准不变
138	实行首问负责制，认真对待客户提问，不搪塞、不推诿，需同事协助时及时呼叫联动服务，并将客户推介至相关区域或岗位人员	5	136	实行首问负责制，认真对待客户提问，不搪塞、不推诿，需同事协助时及时启用联动服务，并将客户推介至相关区域或岗位人员	5	将“及时呼叫”调整为“及时启用”
139	坚持“先外后内”的服务原则，在客户办理业务过程中，始终关注客户业务办理的情况和进程	5	137	坚持“先外后内”的服务原则，在客户办理业务过程中，始终关注客户业务办理的情况和进程	5	标准不变
140	员工服务客户时若遇其他客户咨询业务或打招呼，应适时给予回应或示意，待与其直接交流时，向客户的耐心等待致谢	5	138	员工服务客户时若遇其他客户咨询业务或打招呼，适时给予回应或示意，待与其直接交流时向客户的耐心等待致谢	4	将“应适时”调整为“适时”，分值由 2.0 版本的 5 分调整为 4 分

（续表）

141	认真值守岗位，工作期间无聊天、大声喧哗、接打私人电话现象，不做与业务无关的事	5	139	认真值守岗位，工作期间在客户视线范围内无聊天、大声喧哗、接打私人电话、处理私人事务等现象，不做与业务无关的事	6	增加限定条件“客户视线范围内”，增加要求“无处理私人事务现象”，分值由2.0版本的5分调整为6分

132 加强员工行为管理，贯彻执行员工行为标准、职业操守制度，鼓励员工坚决抵制各类违法违规行为，防范各类外部风险。（5分）

检查方式：现场观察、检查相关制度。

指标变化：新增，分值为5分。

重点关注：

- 背景分享：在经济新常态下实体经济下行压力持续增大，非法集资和民间借贷等外部风险向银行业传导加剧，并不断冲击银行业正常经营，全国银行业案件风险频繁暴露，如“客户存款丢失、贷款欺诈及员工参与民间借贷、非法集资等”风险事件和案件频发，涉案金额较大，给社会带来一定负面影响，案件防控形势非常严峻。
- 法律法规：遏制银行业案件多发势头，保证经济新常态下银行业的健康平稳发展，是监管部门和银行业金融机构都亟须深入研究的课题。银监会于2013年发布了银监办发257号文《中国银监会办公厅关于印发银行业金融机构案防工作办法的通知》，从组织架构、制度建设、质量控制和员工培训等方面对于银行业案防工作做出了具体要求。
- 网点应不定期组织员工学习和更新以下方面知识和案例，并注意保留学习记录及照片影相，纳入服务文档。

  （1）学习相关法律法规和行为准则。

  （2）了解新形势下银行业案件的起因和特点。

  （3）学习新形势下案件防控的基本规律。

  （4）不断完善网点案防工作机制，创新案防工作手段。

图片参考：

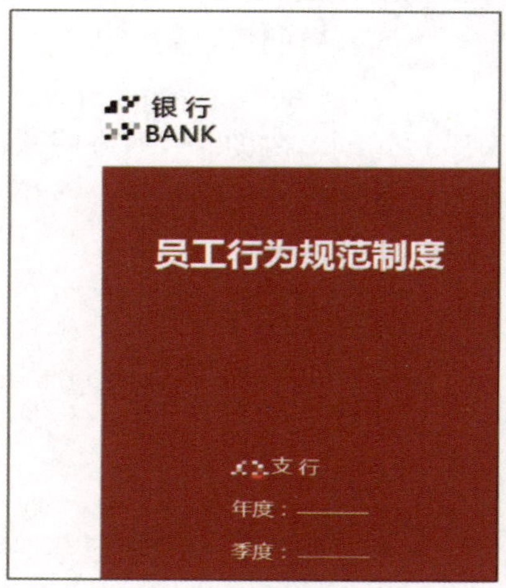

案例分享：

某行多年来坚持编发《员工严重违纪违规典型案例的通知》和《员工违法犯罪案例的通知》，并下发全行全员进行学习。通过对于典型案件的学习分析，提升员工行为标准规范化，加强员工职业操守意识度。

133 员工微笑服务，热情周到，保持对客户的自然关注，有亲和力和良好的沟通能力。（5分）

检查方式：现场观察、调阅监控。

指标变化：将2.0版的第134条与137条整合，分值由2.0版本的2条共10分调整为5分。

重点关注：

- 员工上岗面带微笑，表明了对自己的能力有充分的信心，使人产生信任感，容易被别人真正地接受。真正的微笑应发自内心，但微笑的界定也是因人而异的，没有一个统一的标准，检查中不必过分苛求，在日常的工作中只要求员工有亲和力即可。
- 员工在接待客户时，只要做到目视客户、认真倾听、客户叙述过程中不打断，在回答客户问题时，不卑不亢，如实回答，有问必答，保持良好的沟通能力。

图片参考：

案例分享：

国外的一些企业家十分重视员工亲和力的强弱，尤其是服务行业，把它作为从业人员必备的素质。良好的亲和力能拉近企业与员工、员工与客户之间的心理距离，从而产生最大化的管理效能和经济效益，这也是企业的最终目的。

某外资银行在招聘员工时有一项重要的考核项目，那就是把员工送入幼儿园进行测试。通过远程监控系统，观察应聘者在幼儿园小朋友面前是否受欢迎。能够受到幼儿园小朋友欢迎的应聘者就是最有亲和力的员工。

134 员工语言规范，语速平稳，使用文明服务用语，首问使用普通话。（5分）

检查方式：现场观察、调阅监控 。

指标变化：标准不变。

重点关注：

- 员工在接待客户时，需首问使用普通话，如果员工开口前，客户已直接使用方言进行咨询时，员工可直接以方言进行问候或交流；接待外国客户或少数民族客户时，首次问候可直接用外语或少数民族语言进行问话。
- 员工与客户沟通时，应做到语速平稳、语言规范、文明用语，使用标准的服务和销售话术。
- 禁用粗话、脏话、口语、俚语等，语气中不能出现蔑视、烦躁、否定、斗气、冷淡、生硬、指责、训斥、嘲笑等口吻。

135 员工服务行为专业得体，举止文雅大方，手势自然，动作规范。（5分）

检查方式：现场观察、调阅监控。

指标变化：标准不变。

重点关注：

- 员工在为客户服务过程中，需做到站姿挺拔、坐姿稳重、手势自然，举止无夸张或不雅，言行得当、恰如其分。
- 员工在接待客户时，不得出现跷二郎腿、腿脚晃动、单双手插口袋、双脚交叉、斜躺、斜靠或叉腰等不规范动作。

图片参考：

136 实行首问负责制，认真对待客户提问，不搪塞、不推诿，需同事协助时及时启用联动服务，并将客户推介至相关区域或岗位人员。（5分）

检查方式：现场观察、调阅监控、检查相关制度和记录。

指标变化：将“及时呼叫”调整为“及时启用”。

重点关注：

· 首问负责制的实施要求：有问必答、有疑必释、礼貌热情、办事高效。具体注意事项如下：

（1）客户提出咨询或办理的事项不属于首问负责人职责范围的，首问负责人应当热情相待，积极联系转交办理。

（2）对于咨询类事项，首问负责人应向客户告知规定的办事依据、办事程序，以及符合要求的全部书面材料。对于办理类事项，首问负责人需一次性告知能否办理、手续是否完备，对符合规定、手续齐全，能当场办理的应立即办理，不能当场办理的应出具回执并告知办理时限。

（3）一律不准以“不知道”“不清楚”“不归我管”“我还有事”等为由推脱首问责任或敷衍客户。

（4）遇到对规则、费用等方面理解有差异或无理取闹的客户，首问负责人和具体承办人要坚持原则、耐心说明、做好工作。

案例分享：

酒店业的“无NO服务”

对于服务业的龙头行业——酒店业，服务质量的优劣直接决定企业的兴亡，所以酒店行业很早就引入了“首问责任制”的服务观念，要求员工了解酒店全面的产品知识、周边的旅游信息、交通信息、娱乐信息、购物信息等，以便更好地为顾客提供及时、快捷、准确的“满意加惊喜”服务，不允许员工对本岗位以外的正常问询进行回绝，此为酒店行业的首问责任制。

许多顶级酒店在执行首问责任制的同时，还推行了“无NO服务”，即当顾客提出的要求或问题超出首问责任人岗位能力范围时，首问责任人需要根据事发当时的情况，选择求助相关部门或自身上级进行解决或者落实，不允许员工回答“不知道、不清楚、不确定”等无效答复，故此称为“无NO服务”。

137 坚持“先外后内”的服务原则，在客户办理业务过程中，始终关注客户业务办理的情况和进程。（5分）

检查方式：现场观察、调阅监控、检查相关制度和记录。

指标变化：标准不变。

重点关注：

· 关于坚持“先外后内”的服务原则，应注意避免出现以下情况：

（1）为客户服务时，内部员工加塞办理。

（2）为客户服务时，柜内其他同事来了解询问有关问题，将客户晾在一旁。

（3）客户到柜台后，柜员只顾整理柜面和单据，对客户不闻不问。

138 员工服务客户时若遇其他客户咨询业务或打招呼，适时给予回应或示意，待与其直接交流时向客户的耐心等待致谢。（4分）

检查方式：现场观察、调阅监控。

指标变化：将“应适时”调整为“适时”，分值由2.0版本的5分调整为4分。

重点关注：

· 大堂经理正在接待客户，如遇其他客户前来咨询业务时，可点头示意并请其稍等，服务完正在接待的客户后，应及时招呼在旁等候的客户，并对他的耐心等候表示感谢。

· 柜员正在为客户办理业务，如遇有客户想插队咨询业务或兑换辅币时，柜员可通过内部呼叫设备通知大堂经理前来处理，劝阻插队的客户，并告知其办理业务需叫号排队，同时也为尊重正在办业务客户的隐私权，请其理解。

· 客户经理正在理财室接待客户，如遇有客户想进入理财室咨询或办理业务，可示意客户在门外稍候，送走正在服务的客户后，及时招呼在门外等候的客户，对他的耐心等候表示感谢。

图片参考：

139 认真值守岗位，工作期间在客户视线范围内无聊天、大声喧哗、接打私人电话、处理私人事务等现象，不做与业务无关的事。（6分）

检查方式：现场观察、调阅监控。

指标变化：增加限定条件“客户视线范围内”，增加“无处理私人事务现象”要求，分值由2.0版本的5分调整为6分。

重点关注：

- 现代社会手机社交软件极度发达，“刷微信、刷微博”成为许多人生活中不可或缺的行为。因此，银行员工在上述方面要做好自律，在工作期间严禁使用手机处理私人事务。
- 客户（理财）经理岗位由于工作需要，有时需要用手机接听客户电话，但请注意，不要用手机处理与客户业务无关的私人业务。如在接待客户时，有其他客户打电话进来，请与正在办理业务的客户打好招呼，取得在座客户的谅解，方可接听，电话结束后，向在座客户的耐心等待致谢。

图片参考：

6.4 // 员工权益保护与培训

3.0版与2.0版对比明细

序号	2.0版考核内容	分值	序号	3.0版考核内容	分值	对比
项目：6.4 员工权益保护与培训		35	项目：6.4 员工权益保护与培训		35	
142	以人为本，注重人才队伍培养，有优秀员工奖励与晋升通道，职业环境良好	5	140	以人为本，注重人才队伍培养，有优秀员工奖励与晋升通道，职业环境良好	5	标准不变
143	遵守劳动法规，不随意延长员工工作时间，确需延长劳动时间的，须按规定支付加班工薪	5	141	遵守劳动法规，不随意延长员工工作时间，确需延长劳动时间的，按规定给予调休或支付加班工资	5	将“须按规定支付加班工薪”调整为“按规定给予调休或支付加班工资”

（续表）

144	实施员工轮休及带薪休假制度，保护员工休息、休假权利	5	142	实施员工轮休及带薪休假制度，保护员工休息、休假权利	5	标准不变
145	员工桌椅、柜台等工作设施及环境突出人性化，并配置更衣、化妆、休息、就餐、活动、文化展示、情绪缓冲等功能区域	10	143	员工桌椅、柜台等工作设施及环境突出人性化，并配置更衣、化妆、休息、就餐、活动、文化展示、情绪缓冲等功能区域	8	标准不变，分值由2.0版本的10分调整为8分
146	组织开展文明规范服务、业务技能等培训，记录完善	5	144	定期组织开展文明规范服务、业务技能、消费者权益保护等培训，记录完整	6	增加“定期组织”要求和“消费者权益保护培训”的选项，分值由2.0版本的5分调整为6分
147	注重员工关爱，开展情绪管理、减压训练、沟通技巧等辅导，保护员工身心健康	5	145	注重员工关爱，定期开展情绪管理、减压训练、沟通技巧等辅导，保护员工身心健康；团队氛围积极向上，积极开展团队建设活动，记录完整	6	增加“定期开展”“团队氛围积极向上，积极开展团队建设活动，记录完整”的要求，分值由2.0版本的5分调整为6分

140 以人为本，注重人才队伍培养，有优秀员工奖励与晋升通道，职业环境良好。（5分）

检查方式：检查相关制度 。

指标变化：标准不变。

重点关注：

- 网点或上级行应制定员工关爱、员工培养的相关制度办法，内容包括但不限于奖惩制度、晋升制度、团建活动制度等，明确员工职业生涯发展规划。
- 网点应保留员工关爱与培养的相关记录和照片，主要包括关怀活动、关怀文化、员工奖励表彰和处罚的相关记录等。

图片参考：

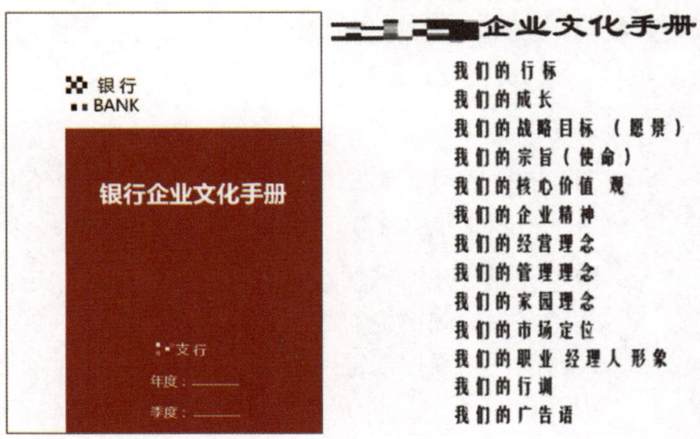

141 遵守劳动法规，不随意延长员工工作时间，确需延长劳动时间的，按规定给予调休或支付加班工资。（5分）

检查方式：检查相关制度。

指标变化：将“须按规定支付加班工薪”调整为“按规定给予调休或支付加班工资”。

重点关注：

- 网点或上级行应制定员工加班、调休的相关管理制度办法，同时保留员工加班、调休的相关记录。

图片参考：

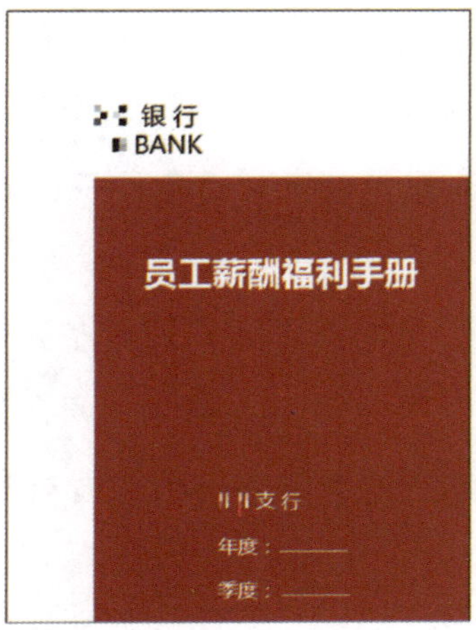

第三章 工作时间与加班规定

3.1工作时间

（1）员工应严格遵守公司的考勤制度。

（2）休息时间在不影响公司秩序和纪律的情况下可自由利用。

（3）公司考勤记录上的时间为员工上下班进出公司的时间记录，员工加班，应向领导及时申请，加班结束应及时向领导汇报，待领导批准并有书面确认的加班有效，否则视为无效，加班时间由打卡时间为准。

3.2工资支付及倒休

（1）对加班的员工应尽量安排其补休，确实无法补休的，按国家规定和《劳动合同》规定发放加班工资。

（2）具有以下情况之一者，不发加班工资：

a) 加班后安排补休；

b) 未经公司部门主管批准；

142 实施员工轮休及带薪休假制度，保护员工休息、休假权利。（5分）

检查方式：检查相关制度 。

指标变化：标准不变。

重点关注：

- 网点或上级行应制定员工轮休及带薪休假的相关管理制度办法，同时保留员工轮休、带薪休假的相关记录。

图片参考：

银行员工薪酬福利制度

第一章 总则

第一条 为充分发挥薪酬在商业银行公司治理和风险管控中的导向作用，建立健全科学有效的公司治理机制，促进银行业稳健经营和可持续发展，根据《中华人民共和国银行业监督管理法》的有关规定，参照金融稳定理事会《稳健薪酬实践的原则》等国际准则，制定本指引。

第二条 本指引所称薪酬，是指商业银行为获得员工提供的服务和贡献而给予的报酬及其相关支出，包括基本薪酬、绩效薪酬、中长期激励、福利性收入等项下的货币和非现金的各种权益性支出。

第三条 本指引所称商业银行，是指在中华人民共和国境内依法设立的吸收公众存款、发放贷款、办理结算等业务的企业法人。

第四条 商业银行应制定有利于本行战略目标实施和竞争力提升与人才培养、风险控制相适应的薪酬机制，并作为公司治理的主要组成部分之一。薪酬机制一般应坚持以下原则：

（一） 薪酬机制与银行公司治理要求相统一；

（二） 薪酬激励与银行竞争能力及银行持续能力建设相兼顾；

（三） 薪酬水平与风险成本调整后的经营业绩相适应；

（四） 短期激励与长期激励相协调。

143 员工桌椅、柜台等工作设施及环境突出人性化，并配置更衣、化妆、休息、就餐、活动、文化展示、情绪缓冲等功能区域。（8 分）

检查方式：现场观察。

指标变化：标准不变，分值由 2.0 版本的 10 分调整为 8 分。

重点关注：

- 本条从网点的区域配置和工作设施设备等方面入手，着重考察网点的员工关爱工作。目前，许多有条件的网点都设置了体现员工关爱的员工休息室、员工健身活动室等区域。请注意，员工关爱区域的配置和布局要合理、实用，设施设备要宜用、好用，切勿华而不实。建议网点可以发动员工群策群力，根据员工的爱好和特长，建设具有网点自身特色的员工关爱区。
- 在功能区域的设置方面可注重人性化考虑，例如：银行工作需要穿着制服，以提高银行员工的专业形象，因此换装问题其实是网点最为实际的员工需求。建议不具备大规模功能区域建设的网点，可优先考虑配置男、女员工更衣室，便于员工更衣。再如：无自建食堂的网点可考虑给员工辟出一个干净、整洁的就餐区域，让员工在就餐时有一个舒适放松的环境。

图片参考：

案例分享：

某银行网点位于市中心，人流量大、业务量多，且经常要延时服务、午休加班等。由于网点排队时间较长，导致客户的情绪波动也较大，这对于网点年轻的员工队伍来说，是巨大的挑战。员工负面情绪无处宣泄，遇到委屈还要自己忍下，长此以往，逐渐进入消极状态的恶性循环。

考虑到以上因素，针对员工群体实际情况，网点果断将原本规划的运动室改造成了一间“减压室”。在减压室中，配备了音乐按摩椅、3D眼镜、各种棋类、飞镖、积木、桌面足球、橡皮假人等减压装置，再加上各种茶饮、报纸杂志等休闲物品，对于网点员工来说，与网点厅堂内嘈杂的人群、电脑屏幕和大量资料构成的环境相比，不到20平方米的减压室简直是天堂。员工们都说：“我们是皱着眉头走进去，带着微笑走出来。”

144 定期组织开展文明规范服务、业务技能、消费者权益保护等培训，记录完整。（6分）

检查方式： 检查相关制度。

指标变化： 增加“定期组织”要求和“消费者权益保护培训”的选项，分值由2.0版本的5分调整为6分。

重点关注：

- 网点应制定文明规范服务的相关制度办法，并对执行情况进行记录，存档保留。
- 网点应制定业务技能实施的相关管理办法，并对实施情况留有记录和照片。
- 网点应制定对员工进行消费者权益保护培训的相关制度办法，并对执行情况留有记录和照片。消保培训内容包括但不限于：我国消保相关的法律法规、海外各国金融消费者权益保护借鉴、银行各业务条线的消保实践、最新消保案例分析等各项培训课程。

图片参考：

145 注重员工关爱，定期开展情绪管理、减压训练、沟通技巧等辅导，保护员工身心健康；团队氛围积极向上，积极开展团队建设活动，记录完整。（6分）

检查方式：现场观察、检查相关记录。

指标变化：增加“定期开展”“团队氛围积极向上，积极开展团队建设活动，记录完整”的要求，分值由2.0版本的5分调整为6分。

重点关注：

- 网点应保存定期开展员工情绪管理、减压训练、沟通技巧辅导等活动的现场文字记录和照片。网点可根据员工组成、客群特征和运营要点等方面，有针对性地安排相应的员工关爱活动，例如：

  （1）随着网点”90后“员工越来越多，网点需要面对一线员工年轻化的趋势。”90后“员工的成长背景、性格特性都具有时代的鲜明特征，他们自我意识往往较强，遇到困难时的耐受度还有待提升。因此，年轻人较多的网点可着重加强对于青年员工的关怀和团队建设，以加强他们的团队意识和奋斗精神。

  （2）银行工作不仅繁杂，还具有较高的专业要求，这往往导致一线员工置身于较大的工作压力之下，建议网点可以加强对于员工心理健康方面的关注度。

- 本书配套的微信公众号中设有各类心理健康自测题，有兴趣的朋友可以关注公众号后进行自测。

图片参考：

第七模块

服务基础管理

DI QI MO KUAI

3.0 版与 2.0 版对比总图

2.0 版本考核内容	分值	3.0 版本考核内容	分值	对比
第七模块：服务基础管理	125	第七模块：服务基础管理	110	分值由 2.0 版本的 125 分调整为 110 分
项目：7.1 服务制度	25	项目：7.1 服务制度	20	分值由 2.0 版本的 25 分调整为 20 分
项目：7.2 服务监测	25	项目：7.2 服务监测	20	分值由 2.0 版本的 25 分调整为 20 分
项目：7.3 投诉处理	30	项目：7.3 投诉处理	20	分值由 2.0 版本的 30 分调整为 20 分
项目：7.4 应急处置	10	项目：7.4 应急处理	10	
项目：7.5 服务考核	20	项目：7.5 服务考核	25	分值由 2.0 版本的 20 分调整为 25 分
项目：7.6 服务档案	15	项目：7.6 服务档案管理	15	

核心要点解读

服务基础管理模块的总分值由 2.0 版本的 125 分，调整为 3.0 版本的 110 分，减少分值达到 15 分。

3.0 版本的减分调整项主要为“服务制度建设（146 条）”“投诉制度建设（153 条）”“客户满意度调查制度（154 条）”以及“客户意见簿制度（156–157 条）”等四项，减少分值共计达 25 分。分析其主要原因，不外乎因为上述四项制度在建设和实施层面，目前各银行各层级都已经非常完备，且运行状况皆良好，2.0 版本中对于制度建设的基础要求已经完成其历史使命，因此 3.0 版本对这些基础考核项降低了分值度。同时，与此形成对应的是，3.0 版本首次增加了对于“消保工作纳入系统综合经营绩效考评体系”的要求（164 条），且给予了 5 分的分值，这是监管机构明确提出了对于银行消保考评体系的制度建设要求。

建议各行可先从总行层面健全消保制度体系、组织架构和考核指标体系，且明确考核标准，细化评分规则，充分发挥考核评价在规范经营行为和提升消费者权益保护工作质效方面的正向引导作用。其次，在运营层面，通过落实标准，规范运营行为，切实提升服务工作能力。具体内容可包括但不限于消保领域的合规、信息披露、销售行为、销售制度、特殊客群关爱和投诉管理等方面。最后，各层级主管单位通过考评体系的推进，促使下属各单位积极开展形式多样的消保宣教工作，密切跟踪热点焦点问题，针对当前突出情况，灵活调整和安排宣教内容，切实履行金融机构的消费者保护义务。

7.1 // 服务制度

3.0 版与 2.0 版对比明细

序号	2.0 版考核内容	分值	序号	3.0 版考核内容	分值	对比
项目：7.1 服务制度		25	项目：7.1 服务制度		20	分值由 2.0 版本的 25 分调整为 20 分
148	建立文明规范服务工作制度，包括服务监测、投诉处理、应急预案、服务考核、服务档案等内容	10	146	建立文明规范服务工作制度，包括服务监测、投诉处理、应急处理、服务考核、服务档案管理等内容	5	将“应急预案”调整为“应急处理”，分值由 2.0 版本的 10 分调整为 5 分
149	明确营业网点主要负责人和分管负责人服务管理职责要求，并明确大堂经理、柜员、客户经理等不同岗位服务内容及职责范围	5	147	明确网点主要负责人和分管负责人服务管理、消费者权益保护职责要求，并明确各岗位相关工作内容及职责范围	5	将“大堂经理、柜员、客户经理等不同岗位”概括为“各岗位”，增加了对网点主要负责人和分管负责人消费者权益保护职责要求
150	营业网点年度工作计划中明确服务质量和水平提升的具体目标和措施	5	148	网点年度工作计划中明确服务质量和水平提升的具体目标、措施	5	标准不变
151	及时传达、学习、执行行规行约和系统内服务规范，相关记录完整	5	149	及时传达、学习、执行行规行约和系统内服务规范，相关记录完整	5	标准不变

146 建立文明规范服务工作制度，包括服务监测、投诉处理、应急处理、服务考核、服务档案管理等内容。（5 分）

检查方式：检查相关制度和记录。

指标变化：将“应急预案”调整为“应急处理”，分值由 2.0 版本的 10 分调整为 5 分。

重点关注：

- 网点应制定文明规范服务相关制度办法，包括服务测评、投诉处理、应急预案、服务考评、服务档案等管理办法，亦可在总、分行相关办法和发文的基础上制定实施细则。相关制度实施情况的记录完整连续，并定期进行总结评价。

图片参考：

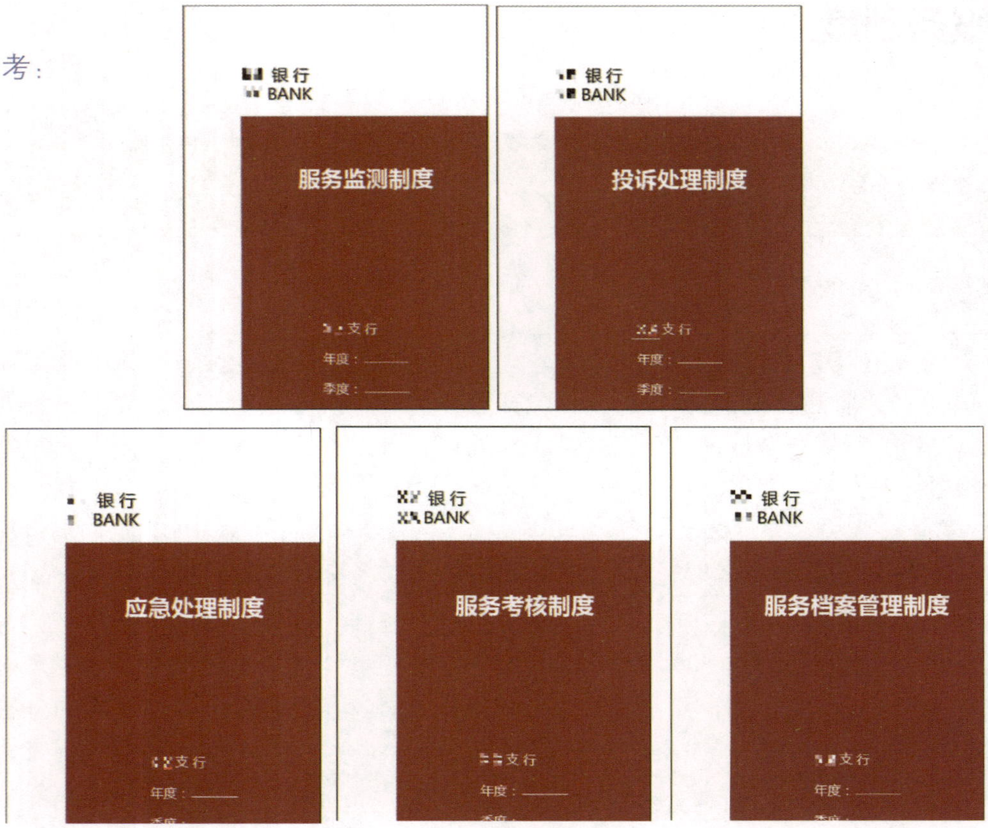

147 明确网点主要负责人和分管负责人服务管理、消费者权益保护职责要求，并明确各岗位相关工作内容及职责范围。（5 分）

检查方式：检查相关制度和记录。

指标变化：将“大堂经理、柜员、客户经理等不同岗位”概括为“各岗位”，增加了对网点主要负责人和分管负责人消费者权益保护职责要求。

重点关注：

- 网点应制定网点主要负责人和分管负责人的岗位职责，职责陈述中要明确服务管理、消费者权益保护等相关内容。请注意，“消费者权益保护职责陈述”是 3.0 版新增内容，网点除了利用制度文件明确消保工作的职责和分工外，各业务条线的分管负责人都要熟悉自身分管领域的消费者权益保护内容、案例和防范措施。

图片参考：

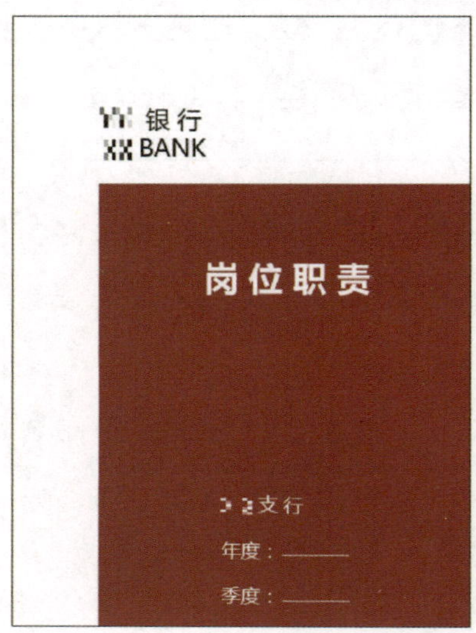

148 网点年度工作计划中明确服务质量和水平提升的具体目标、措施。（5 分）

检查方式：检查相关制度和记录。

指标变化：标准不变。

重点关注：

- 网点应制定本网点年度工作计划，明确详述服务质量提升计划、具体实施措施，且目标明确、易于操作，避免华而不实，空喊口号；网点的年度工作计划的制定，要保持一定的连续性。

图片参考：

149 及时传达、学习、执行行规行约和系统内服务规范，相关记录完整。（5 分）

检查方式：检查相关制度和记录。

指标变化：标准不变。

重点关注：

- 网点应保留有传达、学习、执行行规行约和系统内服务规范的详细记录。

图片参考：

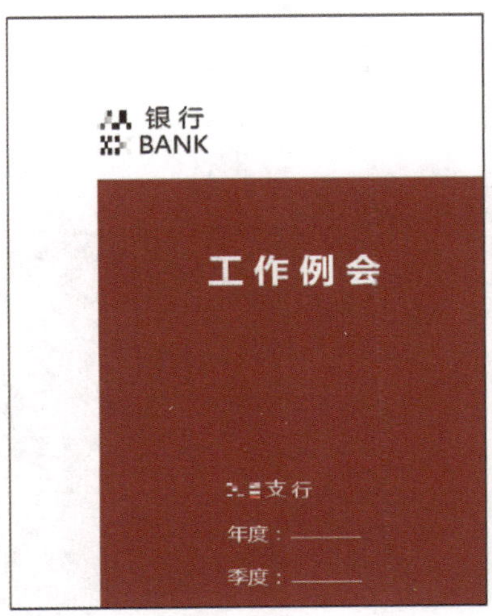

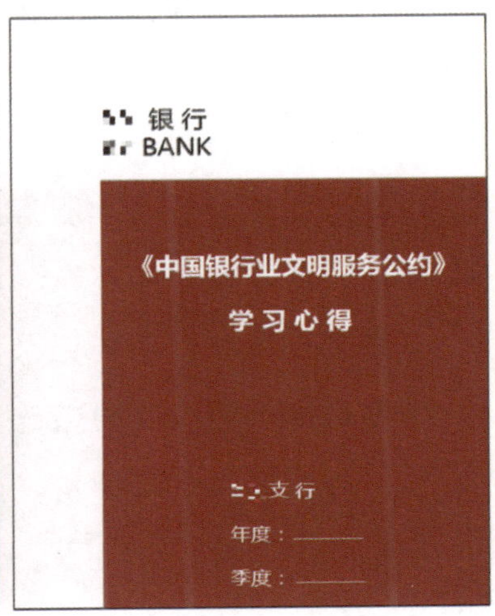

7.2 // 服务监测

3.0 版与 2.0 版对比明细

序号	2.0 版考核内容	分值	序号	3.0 版考核内容	分值	对比
项目：7.2 服务监测		25	项目：7.2 服务监测		20	分值由 2.0 版本的 25 分调整为 20 分
152	按照文明规范服务监测制度，按月自查，按季评价，按年总结，及时整改、记录完整	7	150	按照文明规范服务监测制度，按月通过现场巡检、调阅录像等方式自查，按季评价，按年总结，及时整改，记录完整	10	明确通过“现场巡检、调阅录像等方式”自查，分值由 2.0 版本的 7 分调整为 10 分
153	指定人员每天对各区域进行 1 次服务巡检，记录完整	3	151	指定人员每天对各区域进行 1 次服务巡检，记录完整	5	标准不变，分值由 2.0 版本的 3 分调整为 5 分
155	网点完整保存上级行对其服务监测记录；及时落实整改上级行监测发现的问题，过程跟踪与落实结果记录完整、效果可鉴	5	152	网点完整保存上级行对其服务监测记录；及时落实整改上级行监测发现的问题，过程跟踪与落实结果记录完整、效果可鉴	5	标准不变

150 按照文明规范服务监测制度，按月通过现场巡检、调阅录像等方式自查，按季评价，按年总结，及时整改，记录完整。（10 分）

检查方式：检查相关制度和记录。

指标变化：明确通过“现场巡检、调阅录像等方式”自查，分值由 2.0 版本的 7 分调整为 10 分。

重点关注：

- 根据网点或上级行的服务监测制度办法，对每月现场巡查、调阅录像自查要保留有翔实的记录，对自查中发现的问题要及时整改、记录完整，并按季度进行评价，按年度进行总结。

图片参考：

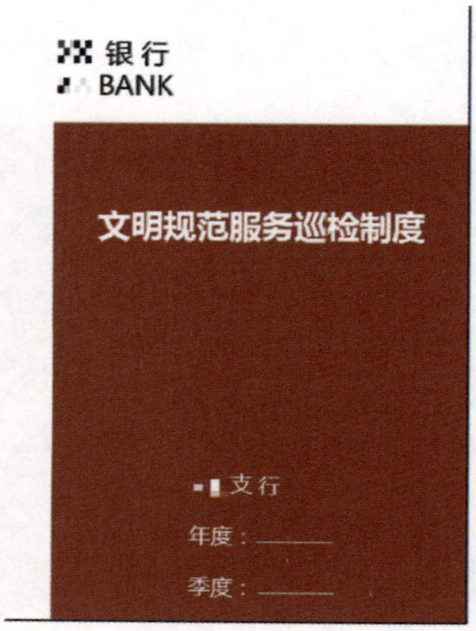

151 指定人员每天对各区域进行 1 次服务巡检，记录完整。（5 分）

检查方式：检查相关制度和记录。

指标变化：标准不变，分值由 2.0 版本的 3 分调整为 5 分。

重点关注：

- 要指定工作人员每天对各区域进行服务巡检（各区域的巡检可分人实施）。请注意，服务巡检应避免每天“打钩”的记录方式，对巡检时发生的问题和解决方案、过程要留有文字记录，记录内容避免敷衍和“走过场”，并保持记录连续完整。

图片参考：

自助区巡检表

月	日	巡检时间	环境卫生	安全状况	取款功能	存款功能	凭条打印	凭条、流水、钞箱状况（营业结束前）	备注	检查人	门前卫生（烟头纸屑等）	清扫人
4	20	8:30	干净	正常	正常	正常	正常	正常		XXX	干净	XXX
		9:30	干净	正常	正常	正常	正常	正常		XXX	干净	XXX
		10:30	干净	正常	正常	正常	正常	正常		XXX	干净	XXX
		11:30	干净	正常	正常	正常	正常	正常		XXX	干净	XXX
		12:30	干净	正常	正常	正常	正常	正常		XXX	干净	XXX
		13:30	干净	正常	正常	正常	正常	正常		XXX	干净	XXX
		14:30	干净	正常	正常	正常	正常	正常		XXX	干净	XXX
		15:30	干净	正常	正常	正常	正常	正常		XXX	干净	XXX
		16:30	干净	正常	正常	正常	正常	正常		XXX	干净	XXX
		17:30	干净	正常	正常	正常	正常	正常		XXX	干净	XXX

152 网点完整保存上级行对其服务监测记录；及时落实整改上级行监测发现的问题，过程跟踪与落实结果记录完整、效果可鉴。（5 分）

检查方式：检查相关制度和记录。

指标变化：标准不变。

重点关注：

- 网点可根据上级行的服务监测记录或考核记录，定期对于自身呈现出的问题进行全面分析和整改，并形成文字材料，包括但不限于以下内容：

（1）总结服务监测中呈现出来的服务扣分项、扣分岗位、不规范行为个人。

（2）综合上述各个分散的痛点，总结出一段时期内的首要改进项，有可能是某个岗位、某项服务流程、某种服务措施或某些服务意识，等等。针对首要改进项制定改进措施和实施计划。

（3）检查改进措施的执行情况，并对执行成果进行评估。

（4）循环往复，形成完整的、定期的、可回溯的相关记录。

图片参考：

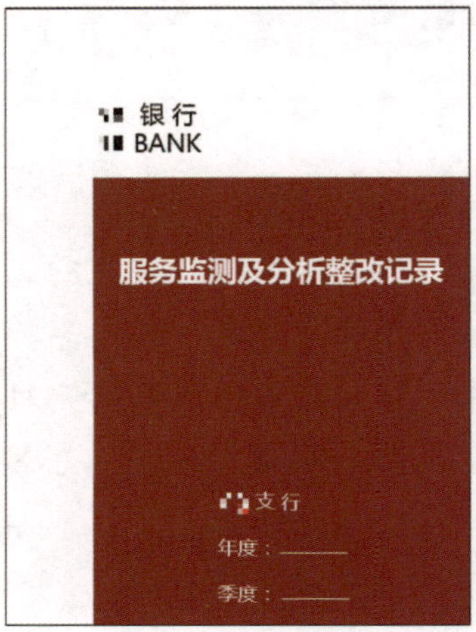

7.3 // 投诉处理

3.0 版与 2.0 版对比明细

序号	2.0 版考核内容	分值	序号	3.0 版考核内容	分值	对比
项目：7.3 投诉处理		30	项目：7.3 投诉处理		20	分值由 2.0 版本的 30 分调整为 20 分
156	按照客户投诉处理制度，畅通客户投诉渠道，明确投诉处理流程及处理时限	6	153	按照客户投诉处理制度，畅通客户反馈意见渠道，明确投诉处理流程及处理时限	3	将 2.0 版本“畅通客户投诉渠道”概念扩展为“畅通客户反馈意见渠道”，分值由 2.0 版本的 6 分调整为 3 分
154	定期开展客户评价、客户满意度调查，征求客户意见、建议和需求，相关信息记录真实、完整，分析、反馈、报告及时	10	154	开展客户评价，定期进行客户满意度调查，征求客户意见、建议和需求，相关信息记录真实、完整，分析、反馈、报告及时	3	文字微调，分值由 2.0 版本的 10 分调整为 3 分
			155	按年度分析客户意见和投诉反映出的各类问题，整改记录完整	2	新增
157	对客户意见簿上的客户意见和建议 24 小时内响应，并对留有电话信息的客户在规定时间内予以回复、回访	8	156	对客户意见簿上的客户意见、建议 24 小时内响应，并对留有电话信息的客户在规定时间内予以回复、回访	3	标准不变，分值由 2.0 版本的 8 分调整为 3 分

（续表）

158	客户意见簿真实完整记录客户投诉及回复信息，页码连续、内容完整；按年归档保管，一年以内的意见簿可随时调阅	8	157	客户意见簿真实完整记录客户意见、建议及回复信息，页码连续、内容完整、格式规范；按年归档保管，一年以内的意见簿可随时调阅	3	将“客户意见簿记录投诉及回复信息”调整为“客户意见、建议及回复信息”，分值由2.0版本的8分调整为3分
159	有明晰的现场投诉处理流程；发生客户投诉时，大堂经理及时安抚并引导客户至相对独立的空间，有效处理现场投诉	5	158	发生客户投诉时按照现场投诉处理流程，及时安抚并引导客户至相对独立的空间，有效处理现场投诉	3	删除了“大堂经理安抚”，分值由2.0版本的5分调整为3分
160	现场处理有困难的，给客户承诺明确的处理时限，如有需要及时向上级报告，并详细记录相关信息	3	159	现场处理有困难的，给客户承诺明确的处理时限，如有需要及时向上级报告，并详细记录相关信息	3	标准不变

153 按照客户投诉处理制度，畅通客户反馈意见渠道，明确投诉处理流程及处理时限。（3分）

检查方式：检查相关制度和记录。

指标变化：将2.0版本“畅通客户投诉渠道”概念扩展为“畅通客户反馈意见渠道”，分值由2.0版本的6分调整为3分。

重点关注：

- 按照总、分行的客户意见（客户投诉）管理办法或者实施细则，明确客户意见（客户投诉）的处理流程。对于客户投诉（工单）要做到闭环处理、对处理时限应根据监管的要求执行；对于有明确诉求的客户意见（客户投诉），要及时流转到相关部门，并将处理结果及时反馈给客户，建议做到“件件有落实、件件有结果”。

图片参考：

154 开展客户评价，定期进行客户满意度调查，征求客户意见、建议和需求，相关信息记录真实、完整，分析、反馈、报告及时。（3 分）

检查方式：检查相关制度和记录。

指标变化：文字微调，分值由 2.0 版本的 10 分调整为 3 分。

重点关注：

- 可根据总、分行的客户满意度调研结果，由各分行或网点有针对性地开展客户意见、建议和需求的征集，将回收的调查表格、问卷进行分类和整理，认真分析。对于网点能够整改的部分应及时安排整改，对于网点短期内无法解决的部分应逐级向上级行反馈，并与上级行保持有效沟通，将上级行的回复意见及时与客户进行交流反馈。所有记录完整保存备查。

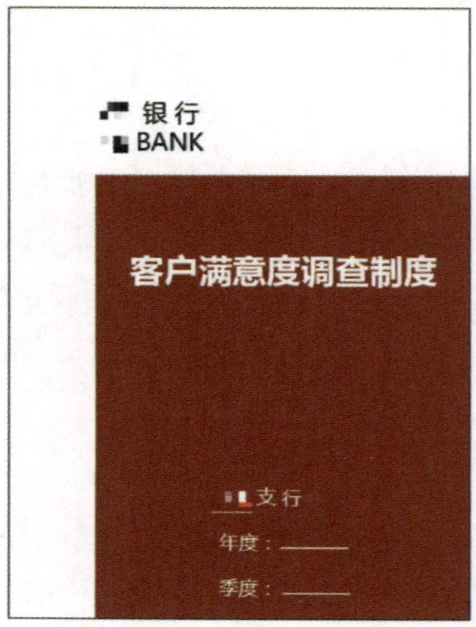

图片参考：

155 按年度分析客户意见和投诉反映出的各类问题，整改记录完整。（2 分）

检查方式：检查相关制度和记录。

指标变化：新增，分值为 2 分。

重点关注：

- 增加了对于客户意见和投诉问题的年度分析要求。建议网点定期分析各个渠道的客户反馈意见和投诉，可根据业务种类、岗位分类、引发原因等要素进行分析，并制定出相应整改措施。同时，需做好完整的文字记录，从事件记录、处理流程、处理结果、经验总结等各方面都不能遗漏。

图片参考：

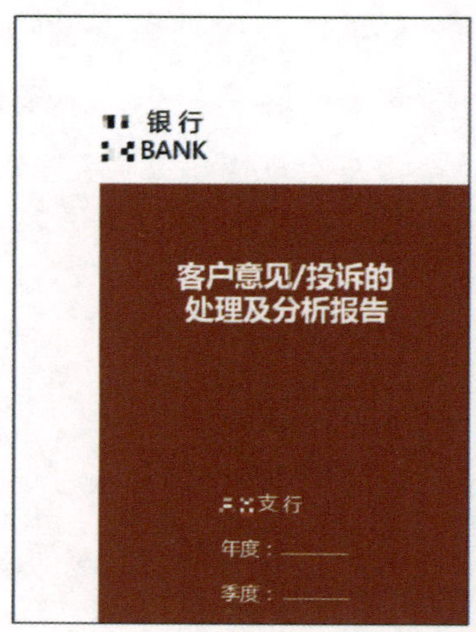

156 对客户意见簿上的客户意见、建议 24 小时内响应，并对留有电话信息的客户在规定时间内予以回复、回访。（3 分）

检查方式：检查相关制度和记录。

指标变化：标准不变，分值由 2.0 版本的 8 分调整为 3 分。

重点关注：

- 对客户在意见簿上的留言，需及时响应，每天应安排专职人员进行检查，并由专人对客户留言进行回复和处理。对主动留下联络信息的客户，建议网点在 24 小时内（遇节假日顺延）安排专人进行回复，并保存相关记录。
- 对于客户意见（客户投诉）处理的相关文字记录和处理时限请按照本行或监管机构客户意见（客户投诉）处理制度的规定来执行，切莫出现文档实际记录与本行制度或者相关规则文件不符的情况。

图片参考：

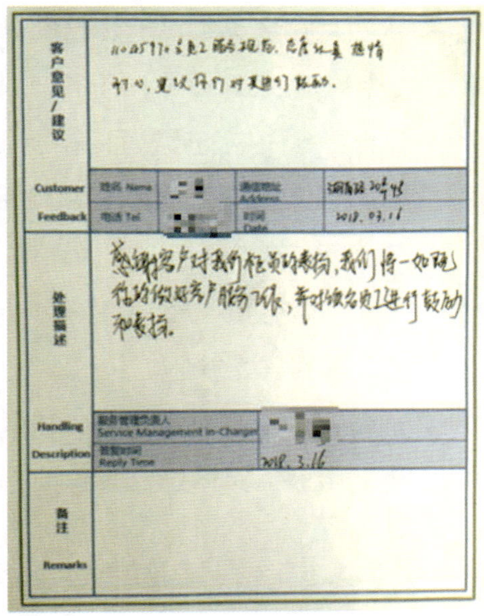

157 客户意见簿真实完整记录客户意见、建议及回复信息，页码连续、内容完整、格式规范；按年归档保管，一年以内的意见簿可随时调阅。（3 分）

检查方式：检查相关制度和记录、现场测试员工。

指标变化：将“客户意见簿记录投诉及回复信息”调整为“客户意见、建议及回复信息”，分值由 2.0 版本的 8 分调整为 3 分。

重点关注：

- 针对客户在客户意见簿上留下的意见或建议等，要真实完整地记录回复信息，不得为应付考核及检查而弄虚作假。客户意见簿不得采用活页形式，需保持页码连续性，按年归档保管并可随时调阅。

158 发生客户投诉时按照现场投诉处理流程，及时安抚并引导客户至相对独立的空间，有效处理现场投诉。（3 分）

检查方式：检查相关制度和记录、现场测试员工。

指标变化：删除了“大堂经理安抚”，分值由 2.0 版本的 5 分调整为 3 分。

重点关注：

- 要求网点全体员工对于客户投诉处理流程做到“能说、能做、能完成”。

  （1）能说，是指对于客户投诉处理全流程了然于心，各个环节的关键节点、话术、客户心理把握等内容能够熟悉表达，切实掌握。

  （2）能做，是指能够熟练完成投诉处理全流程，妥善处理各种突发状况，对于可能发生的各类事态走向要有一定的现场应变能力和处理手法。

  （3）能完成，是指对于投诉处理，遵循首问负责制，不要掺杂个人情绪，无论处理结果如何，都要善始善终。

- 处理客户投诉时第一步最重要的行为是及时安抚并引导客户至相对独立的空间。该问题是现场测试中的高频问题，请重点记忆。

159 现场处理有困难的，给客户承诺明确的处理时限，如有需要及时向上级报告，并详细记录相关信息。（3 分）

检查方式：检查相关制度和记录、现场测试员工。

指标变化：标准不变。

重点关注：

- 网点在处理客户现场投诉时，如遇在现场解决有困难的情况，可告知客户一个明确的处理时限，同时尽快向上级主管部门报告，请求解决方案，并留有详细的沟通及处理记录。

7.4 // 应急处理

3.0 版与 2.0 版对比明细

序号	2.0 版考核内容	分值	序号	3.0 版考核内容	分值	对比
项目：7.4 应急处置		10	项目：7.4 应急处理		10	
161	按照营业网点服务突发事件应急预案，保障信息报告机制通畅高效	2	160	按照网点服务突发事件应急预案，保障信息报告渠道通畅高效	2	将“机制”调整为“渠道”
162	定期开展应急演练，有相关文字、图片或影像记录	3	161	定期开展应急演练，有相关文字、图片或影像记录	3	标准不变
163	如遇突发事件，按照相应应急预案及时进行处置，有记录	2	162	如遇突发事件，按照相应应急预案及时进行处置，记录完整	2	将“有记录”调整为“记录完整”
164	员工熟知在突发事件应急预案中的角色定位和处理流程	3	163	员工熟知在突发事件应急预案中的角色定位和处理流程	3	标准不变

160 按照网点服务突发事件应急预案，保障信息报告渠道通畅高效。（2 分）

检查方式：检查相关制度和记录、现场测试员工。

指标变化：将“机制”调整为“渠道”。

重点关注：

- 网点可按照总、分行关于服务突发事件的应急预案，制定本网点的应急预案和信息传递路线等实施细则，并培训落实到网点的每一位员工。

图片参考：

161 定期开展应急演练，有相关文字、图片或影像记录。（3分）

检查方式：检查相关制度和记录、现场测试员工 。

指标变化：标准不变。

重点关注：

- 网点应按照突发事件应急预案，定期开展应急演练，并将演练的实施方案、演练过程中出现的问题及时进行总结和改进，并做好相关文字、照片及影像的记录和保管。

图片参考：

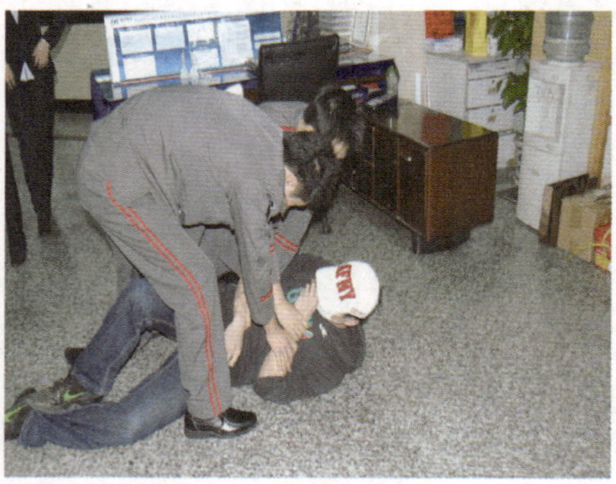

演习应急情况	火灾应急演练
参与人员	应急小组成员及全体员工
预演安排	1. 简单介绍本次火灾消防演习的目的及项目部消防器材配备及分布位置。 2. 介绍出现因普通易燃物、线路、油品等不同情况下如何使用对应灭火措施及相应器材。 3. 明确发生火灾后处理险情步骤（按应急预案）。 4. 本次演习内容：假定办公区北侧后门有木材堆起火，对应进行应急演习。

162 如遇突发事件，按照相应应急预案及时进行处置，记录完整。（2分）

检查方式：检查相关制度和记录、现场测试员工。

指标变化：将“有记录”调整为“记录完整”。

重点关注：

- 网点如遇突发事件，必须按照突发事件应急预案的实施细则进行处置，并做好相关记录。
- 网点各岗位员工要全面了解各种突发事件的种类、案例，对于个案能够熟练分门别类，并了解该类事件的起因和可能引发的后果。
- 网点对于各类突发事件保持应有的警惕性，灵活判断事件导向，对于处理方案和手法要进行全面考虑，不排除最差的结果，做好有效预防。

图片参考：

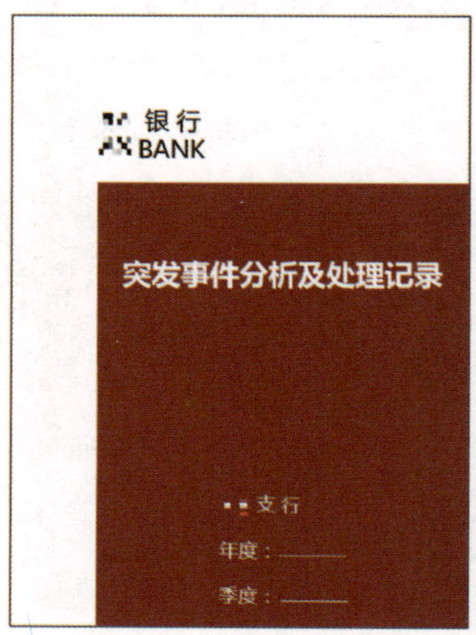

163 员工熟知在突发事件应急预案中的角色定位和处理流程。（3分）

检查方式：检查相关制度和记录、现场测试员工。

指标变化：标准不变。

重点关注：

- 网点应做好突发事件应急预案的培训工作，确保将应对方案、处理流程、上报机制和角色定位等培训内容落实到每个岗位、每位员工。
- 当前社会新的犯罪手法层出不穷，为银行业带来许多不可控的不良突发事件，对于新型事件导致的突发事件要根据现实状况及时向员工进行知识普及，并进行应急演练。

图片参考：

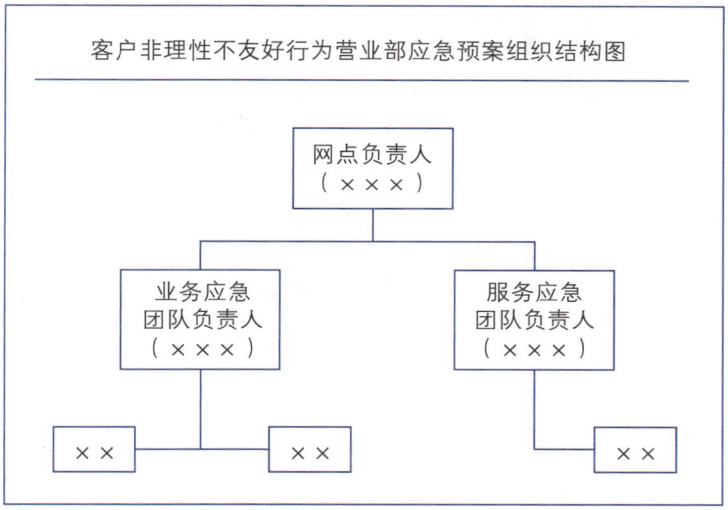

案例分享：

某大型网点根据日常运营的实际情况，不仅针对网点大堂内常规突发事件的处理制定了角色定位，更将应急事件的处理提升至部门层面，由各部门协同参与，分工协调各类突发事件的应对和处置，其制作的部门分工图如下：

应急处理指挥体系职责分工

网点负责人（或指定部门）
- 负责整个突发事件处置的组织协调和调度工作，以及群体性重大事件的预案制定；
- 负责相关培训及预案演练的具体制定和实施；
- 负责协调各条线和员工在处置应急事件中的具体职责，及时向上级进行汇报；
- 组织有关部门做好政策的宣传和组织工作。

保卫部
- 负责牵头制定、培训和演练安保类突发事件的单项应急预案，并组织实施；
- 负责在我行应急处置中提供内部保卫；
- 负责在我行应急处置中与公安部门的对口联络和配合协作；
- 负责全行安全检查，及时处理风险隐患。

会计结算部
- 协助制定群体事件等突发事件的单项应急预案，并协同实施；
- 负责加强优质服务管理工作，防止因柜面投诉引发群体性事件及新闻媒体采访曝光。

行政管理部
- 负责牵头制定灾害类突发事件的单项应急预案，并组织实施；
- 负责在我行应急处置中提供后勤保障工作，保证通信、车辆等的应急需要。

信息技术部
- 负责牵头制定系统类突发事件的单项应急预案，并组织实施；
- 负责做好核心账务数据异地备份；
- 负责加强相关人员培训和管理，防范该类突发事件的发生，及时对软硬件进行排查。

个人金融部
- 负责牵头制定与个人客户相关的突发事件应急预案，并组织实施；
- 负责与电话银行、网上银行等部门协调，及时有效发现和处置突发事件苗头问题；
- 负责加强自助设备运营体系的建设管理，避免运转故障引发突发事件。

7.5 // 服务考核

3.0 版与 2.0 版对比明细

序号	2.0 版考核内容	分值	序号	3.0 版考核内容	分值	对比
	项目：7.5 服务考核	20		项目：7.5 服务考核	25	分值由 2.0 版本的 20 分调整为 25 分
165	百佳、千佳示范单位创建评选及星级网点评定等文明规范服务工作纳入系统绩效考核体系及激励机制，且本网点在系统内服务考评位居前列	10	164	创建百佳、千佳示范单位及星级网点等文明规范服务工作，以及消费者权益保护工作纳入系统综合经营绩效考核评价体系，配以合理考核权重及激励机制，且本网点在系统内服务考评位居前列	15	增加“消费者权益保护工作纳入系统综合经营绩效考评体系”的要求，并要求“配以合理考核权重”，分值由 2.0 版本的 10 分调整为 15 分

（续表）

166	定期组织开展服务评比、表彰、总结，有相关文字、图片或影像记录	5	165	定期组织开展服务评比、表彰、总结，有相关文字、图片或影像记录	5	标准不变
167	网点年度综合考核办法中明确服务管理考核指标和权重，并实现目标	5	166	网点年度综合考核办法中明确服务管理考核指标和权重，并实现目标	5	标准不变

164 创建百佳、千佳示范单位及星级网点等文明规范服务工作，以及消费者权益保护工作纳入系统综合经营绩效考核评价体系，配以合理考核权重及激励机制，且本网点在系统内服务考评位居前列。（15 分）

检查方式：检查相关制度和记录。

指标变化：增加“消费者权益保护工作纳入系统综合经营绩效考评体系”的要求，并要求“配以合理考核权重”，分值由 2.0 版本的 10 分调整为 15 分。

重点关注：

- 本条特别增加了“消费者权益保护工作纳入系统综合经营绩效考评体系”，且分值有大幅上升，足以体现各监管部门对于消费者权益保护工作的重视程度。
- 银监会消费者权益保护局于 2016 年 9 月发布了银监消保〔2016〕22 号文《银行业金融机构消费者权益保护工作考核评价办法（修订版）》。明确要求将金融消费者权益保护工作纳入各行考核评价体系中。
- 各网点可根据总、分行的消保服务考评办法，制定相应的实施细则，并将“百佳”“千佳”及“星级网点”创建，以及消费者权益保护工作纳入综合经营绩效考核评价体系，且参评百佳、千佳的网点，其服务和消保考评成绩在所在分行均需位居前列。

图片参考：

165 定期组织开展服务评比、表彰、总结，有相关文字、图片或影像记录。（5 分）

检查方式：检查相关制度和记录 。

指标变化：标准不变。

重点关注：

· 网点需定期组织开展服务评比，鼓励先进。相关评比、表彰及总结活动，需留有文字、图片和影像记录，便于查阅。

166 网点年度综合考核办法中明确服务管理考核指标和权重，并实现目标。（5 分）

检查方式：检查相关制度和记录。

指标变化：标准不变。

重点关注：

· 网点年度综合考评办法中，需明确上级行下达的服务管理各项指标和权重，并详述服务指标是否完成、完成情况如何。

图片参考：

7.6 // 服务档案管理

3.0 版与 2.0 版对比明细

序号	2.0 版考核内容	分值	序号	3.0 版考核内容	分值	对比
项目：7.6 服务档案		15	项目：7.6 服务档案管理		15	
168	监控设备影像资料保存完整，声像清晰，保存期内随时可调阅、查看	5	167	监控设备影像资料和产品销售录音录像资料保存完整，声像清晰，监管机构规定的保存期内可随时精准检索和调阅；其中，产品销售录像中可明确辨别银行员工和客户面部特征，录音可明确辨识员工和客户语言表述	8	增加“产品销售录音录像保存完整”的要求，增加要求“监管机构规定的保存期内可随时精准检索和调阅；其中，产品销售录像中可明确辨别银行员工和客户面部特征，录音可明确辨识员工和客户语言表述”，分值由 2.0 版本的 5 分调整为 8 分

（续表）

169	文明规范服务档案材料完整，包括中银协、地方银行业协会、系统内上级行的文明规范服务相关规范以及2年内本单位服务工作材料，主要包括：基本情况、活动掠影、荣誉展示、行规行约、内控制度、岗位职责、服务践行、服务考核、检查监督、投诉处理、应急预案、学习培训、创建活动、创优评先、服务宣传、经验交流等	5				此条删除
			168	加强对产品销售录音录像录制和保存的管控，严格防控录音录像信息泄露风险，确保录音录像的录制和保存不受人为干预或操纵	5	新增
170	服务档案材料提倡电子化管理，规范分类，统一保存，能随时、完整调阅；未实行电子化管理的单位，档案规范装订	5	169	服务档案材料提倡电子化管理，规范分类、保存，内容完整，能随时调阅	2	删除了“未实行电子化管理的单位，档案规范装订”，分值由2.0版的5分调整为2分

167 监控设备影像资料和产品销售录音录像资料保存完整，声像清晰，监管机构规定的保存期内可随时精准检索和调阅；其中，产品销售录像中可明确辨别银行员工和客户面部特征，录音可明确辨识员工和客户语言表述。（8分）

检查方式：现场观察、现场调阅相关监控及双录资料。

指标变化：增加“产品销售录音录像保存完整”的要求、“监管机构规定的保存期内可随时精准检索和调阅，其中，产品销售录像中可明确辨别银行员工和客户面部特征，录音可明确辨识员工和客户语言表述”，分值由2.0版本的5分调整为8分。

重点关注：

- 根据《中国银行业文明规范服务示范单位达标评估工作方案》的要求，检查工作主要采取现场检查和非现场检查的方式进行。其中，可通过调阅录像资料的方式，考察申报网点主要客户服务区域至少50天期间内、间隔至少20天的录像资料。网点需根据地方银行业协会和中国银行业协会巡检组的要求，提供主要考察时间点的录像资料。
- 建议参评网点注意保护网点各类经营信息的安全和完整，应评时自主封存并保管相关时间段的录像资料。

• 2017年8月，银监会发布了《银行业金融机构销售专区录音录像管理暂行规定》。该规定主要涵盖了总体要求、产品销售专区管理、录音录像管理、内部管理制度、监督管理等方面。各网点应根据银监会的最新要求开展进一步相关工作，完整地保存和呈现相关资料。

图片参考：

168 加强对产品销售录音录像录制和保存的管控，严格防控录音录像信息泄露风险，确保录音录像的录制和保存不受人为干预或操纵。（5分）

检查方式：现场观察、现场调阅相关监控及双录资料。

指标变化：新增，分值为5分。

重点关注：

• 2017年8月，银监会发布了《银行业金融机构销售专区录音录像管理暂行规定》。各网点应根据监管机构、总、分行的相关规定，针对产品销售双录信息管理办法制定相应实施细则。

• 对“双录”资料的保存和管控，网点应根据总、分行的相关办法进行执行，对“双录”资料的保存必须由专人负责，对“双录”资料的调阅必须由相关人员进行审批，并做好详尽的记录。

169 服务档案材料提倡电子化管理，规范分类、保存，内容完整，能随时调阅。（2分）

检查方式：现场检查、现场调阅相关资料。

指标变化：删除了“未实行电子化管理的单位，档案规范装订”，分值由2.0版本的5分调整为2分。

重点关注：

• 为节约成本、倡导企业社会责任，并践行低碳环保的理念，建议网点减少或取消纸质服务档案材料。同时，电子档案的呈现和管理也更加契合当前互联网时代的要求。

图片参考：

第八模块

经营业绩

DI BA MO KUAI

3.0 版与 2.0 版对比总图

2.0 版本考核内容	分值	3.0 版本考核内容	分值	对比
第八模块：经营业绩	70	第八模块：经营业绩	80	分值由 2.0 版本的 70 分调整为 80 分

核心要点解读

经营业绩模块的总分值由 2.0 版本的 70 分，调整为 3.0 版本的 80 分，增加 10 分。

3.0 版本对于网点业务能力考核指标做了更加人性化的调整，例如，将 2.0 版本中对于六种重要产品营销能力及 VIP 客户保有率等指标的考核要求进行了简化调整，同时增加了对于“营业收入、净利润”等重要经营指标的关注，总体上强化了“以利润为中心”的考核思路。

建议各行积极应对利率市场化发展，科学合理设置考核指标，规模扩张的同时重视经营效益的有效增长。通过利润导向契机，优化客群结构，重建营销模式，从原先“以人力为主要生产力”的运营模式转换升级至“以科技为手段，以数据为的纽带”的资源整合模式。例如，过去依靠在网点大堂坐等客户上门的营销模式已经越来越难以为继，大量优质客户隐身于网络。但是，虽然客户不在网点出现，但其交易和消费信息依然存在于交易系统中。因此，如何利用新的技术手段，发现客户的交易行为特性，提前预估客户的行为趋势，是互联网时代的客户争夺新武器。

3.0 版与 2.0 版对比明细

序号	2.0 版考核内容	分值	序号	3.0 版考核内容	分值	对比
第八模块：经营业绩		70	第八模块：经营业绩		80	分值由 2.0 版本的 70 分调整为 80 分
171	连续两年网点业务规模（对公及对私存款日均余额、客户数量）、重要产品营销能力（基金、贵金属、保险、理财产品的销售收入）、VIP 客户保有率及增长率在一级分行系统内排名前列	10	170	连续两年网点业务规模（对公及对私存款日均余额、对公及对私客户数量）、重要产品营销能力（至少两种），在上一级管辖行系统内排名前列	15	要求至少两种的重要产品营销能力，减少考核项目“VIP 客户保有率及增长率”。修改 2.0 版本中“在一级分行系统内”为“在上一级管辖行系统内”，分值由 2.0 版的 10 分调整为 15 分

（续表）

172	连续两年完成上级行下达的年度资产（包括对公、对私）、负债（包括对公、对私）、中间业务、利润等主要业务经营指标	30	171	连续两年完成上级行下达的存款（对公、对私）、贷款（对公、对私）、中间业务收入、营业收入、净利润等主要业务经营指标	35	增加“营业收入、净利润”选项，分值由 2.0 版的 30 分调整为 35 分
173	连续两年电子银行总体业务分流率达到 70% 以上	10	172	连续两年电子银行总体业务分流率达到 80% 以上	10	将分流率由“70%”调整为“80%”
174	连续两年年人均综合经营税后利润达到 50 万以上	10	173	连续两年年人均综合经营税后利润达到 50 万以上	10	标准不变
175	连续两年年度不良贷款率及不良贷款余额控制在上级行要求的指标内	10	174	连续两年年度不良贷款率及不良贷款余额控制在上级行要求的指标内	10	标准不变

170 连续两年网点业务规模（对公及对私存款日均余额、对公及对私客户数量）、重要产品营销能力（至少两种），在上一级管辖行系统内排名前列。（15 分）

检查方式：检查相关记录。

指标变化：要求至少两种的重要产品营销能力，减少考核项目“VIP 客户保有率及增长率”。修改 2.0 版本中“在一级分行系统内”为“在上一级管辖行系统内”，分值由 2.0 版本的 10 分调整为 15 分。

重点关注：

- 连续两年网点对公存款日均余额、对公客户数量、对私存款日均余额、对私客户数量、重要产品营销（理财、保险、基金、信用卡等至少两种）在上一级管辖行系统内排名前列。

171 连续两年完成上级行下达的存款（对公、对私）、贷款（对公、对私）、中间业务收入、营业收入、净利润等主要业务经营指标。（35 分）

检查方式：检查相关记录。

指标变化：增加了“营业收入、净利润”选项，分值由 2.0 版本的 30 分调整为 35 分。

重点关注：

· 连续两年网点完成上级行下达的对公存款、对私存款、对公贷款、对私贷款、中间业务收入、营业收入、净利润等主要业务经营指标。

172 连续两年电子银行总体业务分流率达到 80% 以上。（10 分）

检查方式：检查相关记录。

指标变化：将分流率由“70%”调整为“80%”。

重点关注：

· 连续两年网点电子银行总体业务分流率（替代率）达到 80% 以上。

173 连续两年年人均综合经营税后利润达到 50 万以上。（10 分）

检查方式：检查相关记录 。

指标变化：指标变化：标准不变。

重点关注：

· 连续两年网点年人均综合经营税后利润达到 50 万以上。

174 连续两年年度不良贷款率及不良贷款余额控制在上级行要求的指标内。（10 分）

检查方式：检查相关记录。

指标变化：标准不变。

重点关注：

· 连续两年网点年度不良贷款率及不良贷款余额控制在上级行要求的指标内。上述各项业务指标的检查都是以年初分行（上级行）下达计划的红头文件为依据（或年中的计划变更）及年末的实际完成数（会计报表数据）进行考核评价。

第九模块

消费者权益保护与社会责任履行

DI JIU MO KUAI

3.0 版与 2.0 版对比总图

2.0 版本考核内容	分值	3.0 版本考核内容	分值	对比
第九模块：消费者权益保护与社会责任履行	80	第九模块：消费者权益保护与社会责任履行	90	分值由 2.0 版本的 80 分调整为 90 分
项目：9.1 公平对待消费者	30	项目：9.1 公平对待消费者	30	
项目：9.2 消费者权益保护	15	项目：9.2 消费者权益保护	25	分值由 2.0 版本的 15 分调整为 25 分
项目：9.3 公众教育	15	项目：9.3 公众教育	15	
项目：9.4 社会责任履行	20	项目：9.4 社会责任履行	20	

核心要点解读

消费者权益保护与社会责任履行模块的总分值由 2.0 版本的 80 分，调整为 3.0 版本的 90 分，增加了 10 分。

3.0 版本合并了 2.0 版本中对于特殊客群硬件服务设施的诸多考核项，简化了硬件考核点。与之对应的是，3.0 版本强化并增加了对于消费者的“八大权力”的保护措施和要求，例如，明确提出履行合同义务，保障消费者的知情权；明确尊重消费者自愿选择，保障消费者的自主选择权；明确公平对待消费者，保障消费者公平交易权等等。

建议各行可从产品设计和服务流程等方面入手，提升和完善银行消费者权益保护工作。首先，由于过往银行的盈利和风控需求，对消费者权益兼顾不到位，使“客户至上”的产品设计理念尚未全面融入商业银行产品设计中。提升银行产品的设计水平，将维护消费者权益因素全面地融入商业银行产品设计之中，可从源头上保障消费者权利，防范金融纠纷。其次，在服务流程安排上，目前仍存在着流程细致度和透明度不够、操作人员服务行为标准化不强的问题。现代化金融产品在风险性、责任性方面都具有新特点，消费者对这些产品的适用性、收益性和安全性也有着更高更细的要求。这要求银行的操作流程细则需从维护消费者权益角度，采用更加透明、标准的流程，承担更多的消费者权益保护义务。

9.1 // 公平对待消费者

3.0 版与 2.0 版对比明细

序号	2.0 版考核内容	分值	序号	3.0 版考核内容	分值	对比
项目：9.1 公平对待消费者		30	项目：9.1 公平对待消费者		30	
176	强化员工公平对待消费者意识，主动为消费者提供咨询指导、业务办理、技术支持等服务，保证消费者得到与其相应的服务，妥善做好各类客户群体的差异化服务	4	175	强化员工公平对待消费者意识，履行消费者权益保护要求，提升员工相关知识掌握运用能力，主动为消费者提供咨询指导、业务办理、技术支持等服务	5	将“保证消费者得到与其相应的服务，妥善做好各类客户群体的差异化服务”修改为“履行消费者权益保护要求，提升员工相关知识掌握运用能力”，分值由 2.0 版本的 4 分调整为 5 分
			176	认真履行合同义务，在关系到客户重大权益的问题上，积极通过事先与客户约定的各类信息提示渠道和方式，主动告知相关信息	5	新增
			177	在办理个人贷款、信用卡等业务时，保证各项条件公正透明，严格履行告知义务并尊重客户自愿选择；最大限度地公开工作流程，公平对待消费者；严禁虚假承诺、捆绑销售等违法违规行为	6	新增
178	充分考虑各类特殊群体客户需求，增强专业服务技能，提高应急处理能力，尽可能提供便捷的人性化服务，确保特殊群体客户享受与其他客户平等权利	3	178	充分考虑残障人士、老年人等各类特殊群体客户需求和特点，设计相适应的服务流程，增强专业服务技能，提高应急处理能力，尽可能提供便捷的人性化服务，确保特殊群体客户享受与其他客户平等权利	3	对各类特殊群体客户进行了定义“残障人士、老年人等”，增加“设计相适应的服务流程”要求，倡导按不同群体分别制定不同的服务流程，尤其在设计各类服务流程时，既要在符合监管要求、规章制度、员工人身安全条件下，尽最大可能满足客户的需求

（续表）

<table>
<tr><td>179</td><td>在通过手语进行基本交流的基础上，对容易引起歧义的重要业务环节耐心提供文字交流服务，确保与听力障碍客户的交流畅通</td><td>3</td><td rowspan="3">179</td><td rowspan="3">提供文字交流、电子显示屏叫号或相当功能服务，通过网上银行或其他自助渠道提供账户查询及转账、银行卡临时挂失和信用卡激活等涉及隐私的服务项目，保证听力障碍客户交流畅通、正常办理业务</td><td rowspan="3">3</td><td rowspan="3">将 2.0 版本中 179 条、180 条、181 条合并，分值由 2.0 版本的 3 条共 9 分调整为 3 分</td></tr>
<tr><td>180</td><td>在提供语音叫号系统服务的同时，为听力障碍客户提供电子显示屏叫号服务或相当功能的服务措施</td><td>3</td></tr>
<tr><td>181</td><td>通过网上银行或其他自助渠道为听力障碍客户提供账户查询及转账、银行卡临时挂失和信用卡激活等涉及隐私的服务项目</td><td>3</td></tr>
<tr><td>182</td><td>设置至少一种便于视力障碍客户办理业务的服务设施，已使用新媒体设备整合密码输入功能的营业网点，至少配备一台有定位点的传统按键式密码输入器</td><td>5</td><td>180</td><td>设置至少一种便于视力障碍客户办理业务的服务设施；已使用新媒体设备整合密码输入功能的网点，至少配备一台有定位点的传统按键式密码输入器</td><td>3</td><td>标准不变，分值由 2.0 版本的 5 分调整为 3 分</td></tr>
<tr><td>183</td><td>明示导盲犬可入标识，协助视力障碍客户携带经过登记、认证、有可识别标识且处于工作状态的导盲犬出入银行营业网点办理业务；网点工作人员妥善做好接待工作，保障网点正常秩序和其他客户安全</td><td>2</td><td>181</td><td>明示导盲犬可入标识，协助视力障碍客户携带经过登记、认证、有可识别标识且处于工作状态的导盲犬出入网点办理业务；网点工作人员妥善做好接待工作，保障网点正常秩序和其他客户安全</td><td>2</td><td>将“银行营业网点”调整为“网点”</td></tr>
<tr><td>184</td><td>按照制度规定和流程要求，为不能亲临柜台且有急需的特殊客户群体提供延伸服务</td><td>3</td><td>182</td><td>按照制度规定和流程要求，为不能亲临柜台且有急需的特殊客户群体提供延伸服务</td><td>3</td><td>标准不变</td></tr>
</table>

175 强化员工公平对待消费者意识，履行消费者权益保护要求，提升员工相关知识掌握运用能力，主动为消费者提供咨询指导、业务办理、技术支持等服务。（5 分）

检查方式：检查相关制度、现场笔试。

指标变化：将“保证消费者得到与其相应的服务，妥善做好各类客户群体的差异化服务”修改为“履行消费者权益保护要求，提升员工相关知识掌握运用能力”，分值由 2.0 版本的 4 分调整为 5 分。

重点关注：

- 网点可根据总、分行消费者权益保护的相关制度办法，制定相应实施细则。为强化员工公平对待消费者的意识，提升员工消保相关知识，网点需定期开展员工消保知识培训和演练，并做好相关活动的记录。
- 现场笔试的检查方式，这对网点全体员工的消费者权益保护知识提出了明确要求，请全体员工务必加强这方面的自我学习，避免失分。本书配套的微信公众号中设有《消费者权益保护题库》，有兴趣的朋友可以关注公众号后进行自测。

图片参考：

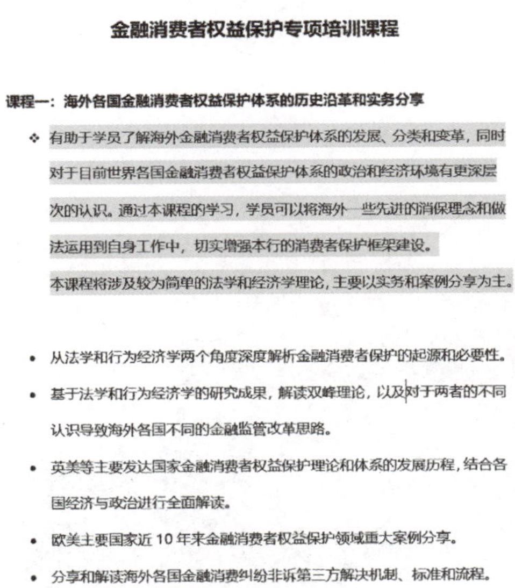

金融消费者权益保护专项培训课程

课程一：海外各国金融消费者权益保护体系的历史沿革和实务分享

- 有助于学员了解海外金融消费者权益保护体系的发展、分类和变革，同时对于目前世界各国金融消费者权益保护体系的政治和经济环境有更深层次的认识。通过本课程的学习，学员可以将海外一些先进的消保理念和做法运用到自身工作中，切实增强本行的消费者保护框架建设。
  本课程将涉及较为简单的法学和经济学理论，主要以实务和案例分享为主。

- 从法学和行为经济学两个角度深度解析金融消费者保护的起源和必要性。
- 基于法学和行为经济学的研究成果，解读双峰理论，以及对于两者的不同认识导致海外各国不同的金融监管改革思路。
- 英美等主要发达国家金融消费者权益保护理论和体系的发展历程，结合各国经济与政治进行全面解读。
- 欧美主要国家近 10 年来金融消费者权益保护领域重大案例分享。
- 分享和解读海外各国金融消费纠纷非诉第三方解决机制、标准和流程。

案例图片

案例分享：

某行为了提升员工金融消费者保护的相关知识和实务，制作了电子教程，以方便全体员工扩大消保知识面、跟进最新消保案例，借鉴他行消保创新，了解消保考评情况等（参见案例图片）。

176 认真履行合同义务，在关系到客户重大权益的问题上，积极通过事先与客户约定的各类信息提示渠道和方式，主动告知相关信息。（5分）

检查方式：现场观察、现场测试员工。

指标变化：新增，分值为5分。

重点关注：

- 通过对产品合同义务的全面履行，进而保障消费者的权益。
- 目前，银行业在合同义务履行中，请注意以下要点：

（1）加强对于合同内容的熟悉度，主要从信用卡、借记卡的领用合约，手机银行、网上银行的使用须知，个人贷款合同等进行描述。

（2）员工按照规定解释合同重要内容和风险点。正确、合理的合同解释会有以下好处：一是有助于客户进一步理解合同内容和专业名词，防止发生不必要争议。二是可以减轻售后管理负担，使客户明白购买后会发生的结果。如在签订合同时对客户进行必要提醒，客户就有可能在以后合同管理中主动履行相应义务。三是利于遵守《合同法》要求，回避诉讼风险。

（3）强化合同履行。合同的履行管理是银行合同管理中较为薄弱环节，也是极易产生合同风险或使合同风险增加的环节。银行应严格按照合同约定全面履行合同，在合同要素变更和约定内容发生变化时，进行认真分析，慎重考虑有可能给银行和客户双方带来的各种后果。履行必要的告知义务，以减少客户的后期损失和银行的诉讼风险。

图片参考：

177 在办理个人贷款、信用卡等业务时，保证各项条件公正透明，严格履行告知义务并尊重客户自愿选择；最大限度地公开工作流程，公平对待消费者；严禁虚假承诺、捆绑销售等违法违规行为。（6分）

检查方式：现场观察、客户投诉。

指标变化：新增，分值为6分。

重点关注：

- 公平对待消费者就是要确保消费者的知情权、自主选择权和自主交易权。例如：网点可摆放个人贷款申请、个人贷款提前还款的流程卡片供客户取阅；告知客户办理业务时需要携带的各类证件、办理流程和所需时间；当客户办理信用卡时，可在客户填（交）表格时告知相关的使用注意事项、卡片权益、收费情况、还款注意事项等。
- 银行业提倡并建立公平对待消费者工作机制的目的是：提高银行业公平对待消费者意识、规范银行业服务工作、保护消费者权益、促进银行业稳定健康发展。
- 请关注中国银行业协会发布的《中国银行业公平对待消费者自律公约》，并组织员工加深相关文件的学习。该公约主要呈现了以下方面的内容：加强消费者信息管理、教育和投诉管理，明确了网点的信息披露要求、服务规范。

图片参考：

178 充分考虑残障人士、老年人等各类特殊群体客户需求和特点，设计相适应的服务流程，增强专业服务技能，提高应急处理能力，尽可能提供便捷的人性化服务，确保特殊群体客户享受与其他客户平等权利。（3分）

检查方式：检查相关记录、现场测试员工。

指标变化：对各类特殊群体客户重新进行了定义，增加了“设计相适应的服务流程”要求，倡导按不同特殊群体客户分别制定不同的服务流程，尤其在设计各类服务流程时，既要在符合监管要求、规章制度、员工人身安全条件下，尽最大可能满足客户的需求。

重点关注：

- 有关特殊群体客户关爱和保障的相关内容和条款，是对于消费者受尊重权的体现。

  受尊重权是我国《消费者权益保护法》中消费者基本的权益之一，《国务院办公厅关于加强金融消费者权益保护工作的指导意见》中明确的金融消费者受尊重权，是指消费者在购买、使用商品和接受服务时，享有其人格尊严、民族风俗习惯得到尊重的权利。金融机构应尊重消费者姓名权、名誉权、肖像权等权利，不得对消费者进行辱骂、诽谤、名誉诋毁、非法搜查、拘禁等行为。《指导意见》同时明确，金融机构不得因金融消费者性别、年龄、种族、民族或国籍等不同进行歧视性差别对待。

- 请关注以下监管机构发文、行业自律公约及系列服务规范标准，并组织员工加深相关文件的学习：

  （1）《关于银行业金融机构加强残疾人客户金融服务工作的通知》（银监办发〔2012〕144号）。

  （2）《关于进一步完善残障人士银行服务的自律要求》。

  （3）《深入开展银行业无障碍志愿助残活动倡议书》。

  （4）《中国银行业电子渠道无障碍服 务建设自律指引》。

- 银行员工应切实掌握针对特殊群体客户服务流程、专业技能、服务设施分布等要素，熟悉监管机构的相关发文和规范要求，能够流利应对相关问题的问询。网点应做好针对各种类型的特殊群体客户的分类，分析不同群体可能带来的不同突发事件场景，并做好相应的应急预案。网点应定期进行特殊群体客户服务场景的模拟演练，检查相关服务设施的可用性。

- 各网点可以在以下方面加强对于残障人士和特殊群体客户的工作力度：

  （1）各网点需积极开展志愿助残服务活动，积极履行社会责任。建议各网点以走访慰问、结对帮扶等形式，开展内容丰富的志愿助残服务活动。

  （2）加强中国银行业无障碍服务宣传，搭建交流平台。各网点应向残障人士全面展现银行业已推出的无障碍产品和无障碍服务设施，如无障碍 ATM、无障碍坡道、网点内盲道、低位柜台、助盲识币卡、助盲签名卡、盲文业务指南、盲文价目表、导盲犬准入、字幕、手语、信息交流等无障碍服务。通过媒体宣传等方式，将银行业无障碍产品和服务进行广泛推广，让更多残障人士认识银行，了解银行，让银行业无障碍服务普惠更多残障人士。

（3）提高网点和从业人员对残障人士的服务意识和能力。

（4）发挥优秀网点的示范作用，持续改善无障碍环境建设。

（5）网点进行的各种服务演练、服务进社区等现场活动，请保留好相关记录、照片和视频。

图片参考：

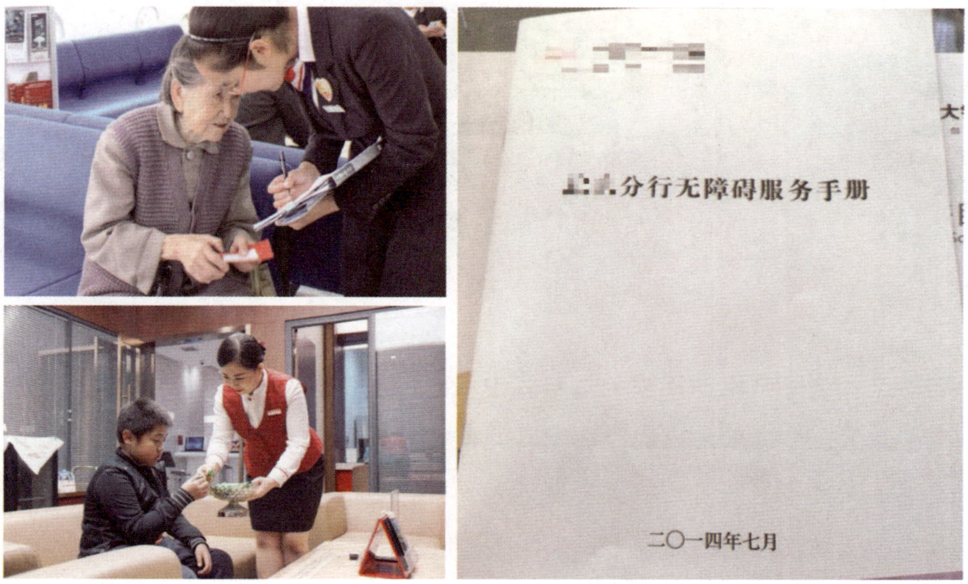

179 提供文字交流、电子显示屏叫号或相当功能服务，通过网上银行或其他自助渠道提供账户查询及转账、银行卡临时挂失和信用卡激活等涉及隐私的服务项目，保证听力障碍客户交流畅通、正常办理业务。（3 分）

检查方式：现场观察。

指标变化：将 2.0 版中的 179 条、180 条、181 条简化合并，分值由 2.0 版本的 3 条共 9 分调整为 3 分。

重点关注：

- 根据中国银行业协会《中国银行业电子渠道无障碍服务建设自律指引》中的要求，针对听力语言残障人士，网点应尽量提供各类可视化的操作设备，在网点应尽量提供排队叫号信息短信发送功能；在提供网上银行、手机银行在线服务时，应优先提供文字交流服务，及时解答客户业务咨询，指导客户操作；如遇残疾人无法通过电话完成信用卡核实、销户等业务，应尽量提供除电话之外的多渠道服务。

- 网点应为有听力障碍的客户提供文字交流服务，对容易引起歧义的重要业务环节需耐心使用文字交流，防止手语服务不清晰造成误会。关键是在对话(交流)的过程中注意保护客户隐私。

图片参考：

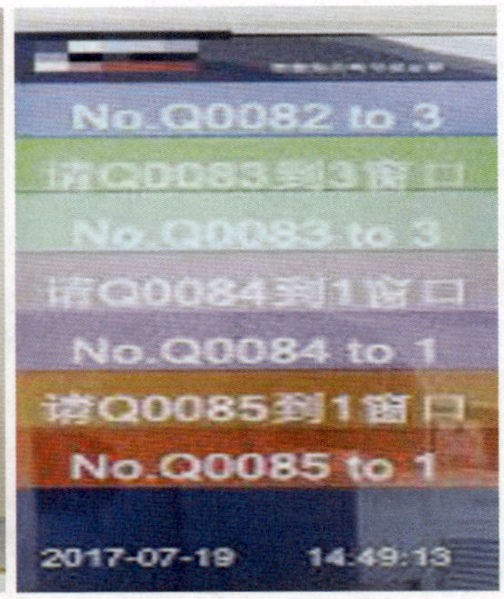

案例分享：

随着全社会防范电信诈骗的警示宣传不断加强，人们警惕意识逐步提升，于是一些不法分子就将“魔爪”伸向信息交流存在障碍的群体。近年来针对聋哑人等群体的电信诈骗风险事件屡有发生，尤其是一些打着“关爱身障人士”“帮扶身障群体创业投资”等幌子，利用手语等沟通方式博得聋哑人信任而实施诈骗的手段层出不穷。

某银行网点曾经成功堵截了一起针对聋哑人、利用手语诱骗参与高回报理财投资的电信诈骗风险事件。案情经过如下：一名聋哑人客户到该网点要求汇款数万元现金。银行工作人员根据“四必问”规范通过纸笔向该客户核实相关信息时得知，其汇款对象是通过微信聊天认识的“朋友”，介绍其加入一项高回报的投资项目。该客户还向工作人员出示了此前的视频聊天记录，显示对方是一名中年女子，能用手语交流。出于警惕，银行方面立即查询了对方收款账户，发现收款人信息为 1987 年出生，与视频里中年女子的形象不符。同时经查询，其账户疑似存在“分散转入、集中转出”的诈骗特征。银行工作人员还上网搜索了该公司，发现其宣称的投资产品涉嫌高额返利，遂将这些可疑情况反映给该客户。得知这可能是一场骗局后，客户最终放弃汇款。

180 设置至少一种便于视力障碍客户办理业务的服务设施；已使用新媒体设备整合密码输入功能的网点，至少配备一台有定位点的传统按键式密码输入器。（3 分）

检查方式：现场观察。

指标变化：标准不变，分值由 2.0 版本的 5 分调整为 3 分。

重点关注：

- 根据中国银行业协会《中国银行业电子渠道无障碍服务建设自律指引》中的要求，针对视力残障人士，网点应在提供电话银行、网上银行、手机银行、自助银行服务时，应充分考虑视力残障人士特殊需求及操作习惯，可设置电话银行的专用进线通道、个人专属快捷菜单、客户身份自动识别等人性化措施；进行银行网站无障碍改造，提供网上银行字体大小调整、快捷菜单订制、验证码多渠道获取等多样化服务；增加手机客户端支持读屏软件、语音导航等功能；逐步配备视力残障人士专用自助设备，切实保障视力残障人士的使用体验。
- 配置相应助盲设备设施，包括但不限于：助盲卡、盲文版 / 音频版银行业务指南、盲文密码输入器、语音报数点钞机等。

图片参考：

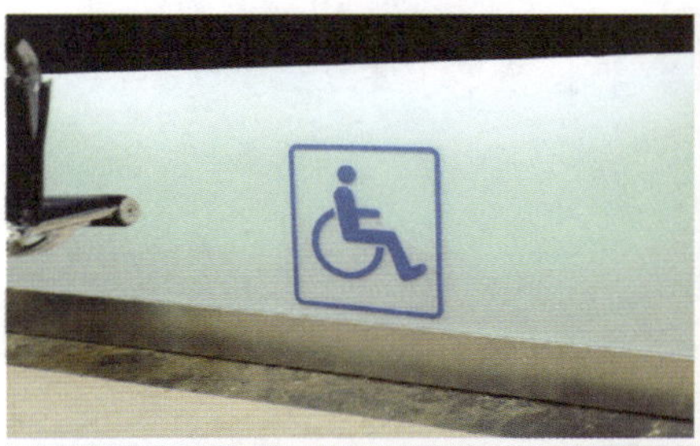
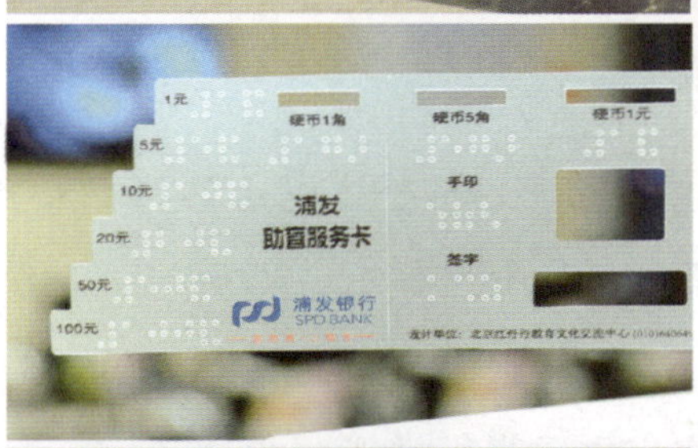

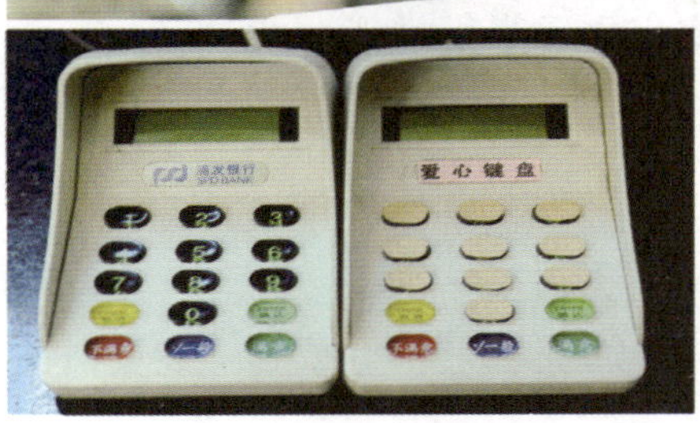

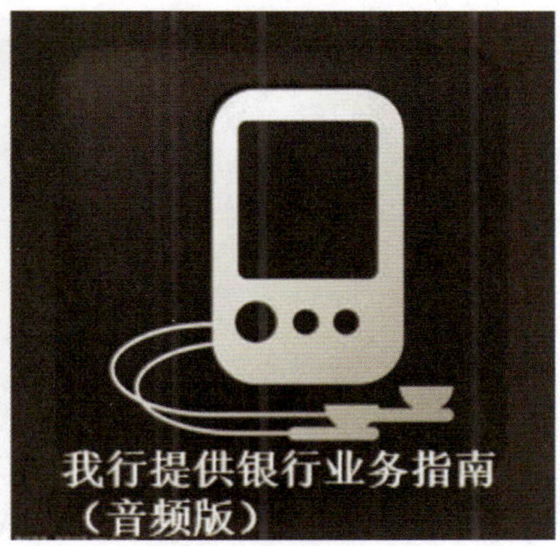

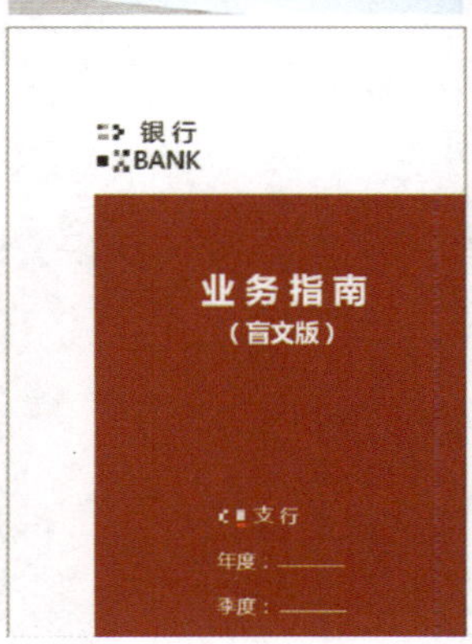

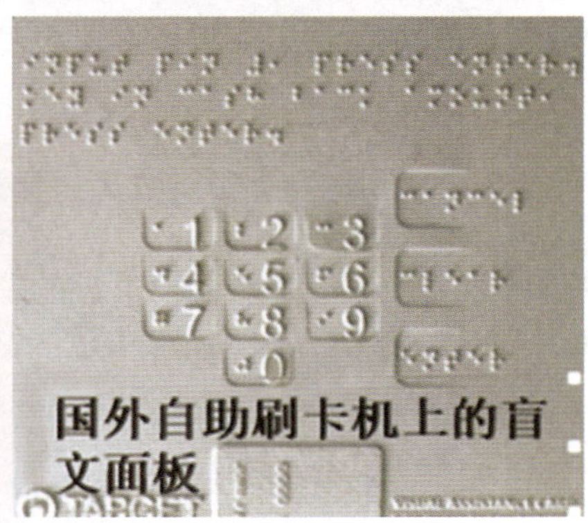

181 明示导盲犬可入标识，协助视力障碍客户携带经过登记、认证、有可识别标识且处于工作状态的导盲犬出入网点办理业务；网点工作人员妥善做好接待工作，保障网点正常秩序和其他客户安全。（2分）

检查方式：现场观察、检查相关制度、现场测试员工。

指标变化：将“银行营业网点”调整为“网点”。

重点关注：

- 网点在入口处需明示“导盲犬可入”标识，但应将该标识与“宠物不得入内”标识分开张贴，以免发生歧义。
- 导盲犬进入网点时应安排专人陪同，以免影响其他客户。

图片参考：

182 按照制度规定和流程要求，为不能亲临柜台且有急需的特殊客户群体提供延伸服务。（3分）

检查方式：检查相关制度和记录、现场测试员工。

指标变化：标准不变。

重点关注：

- 网点可在总、分行制定的《特殊群体客户延伸服务规范》基础上，根据本网点客群及业务特色等实际情况制定实施细则，涉及业务包括但不限于以下部分：

  （1）存款人本人行动不便的情况。

  （2）存款人本人由于疾病或突发事件，丧失意识或者丧失民事行为能力的情况。

  （3）存款人本人在国外的情况。

  （4）存款人被拘役或服刑的情况。

  （5）存款人无法签字的情况（因视力障碍、手部疾病、不识字等原因）。

图片参考：

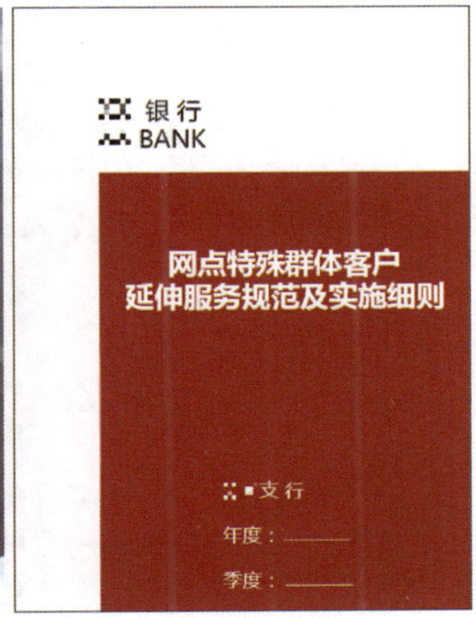

9.2 // 消费者权益保护

3.0 版与 2.0 版对比明细

序号	2.0 版考核内容	分值	序号	3.0 版考核内容	分值	对比
项目：9.2 消费者权益保护		15	项目：9.2 消费者权益保护		25	分值由 2.0 版本的 15 分调整为 25 分
185	在网点自属管辖范围内，采取相应措施，保障消费者的人身和财产安全	2	183	在网点自属管辖范围内，采取相应措施，保障消费者的人身和财产安全	5	标准不变，分值由 2.0 版本的 2 分调整为 5 分
186	建立客户信息保护内控制度，妥善保管客户资料，尊重客户隐私权；除有关部门履行法律程序查询客户信息外，员工不得擅自对外提供客户信息相关的任何资料	5	184	贯彻落实客户信息保护内控制度，妥善保管客户资料，尊重客户隐私权；除有权机关要求按照法律法规规定的程序提供客户信息外，不得擅自对外提供客户信息相关的任何资料	5	将“建立客户信息保护内控制度”调整为“贯彻落实客户信息保护内控制度”，“有关部门”调整为“有权机关”

（续表）

187	无违规查询个人信用信息、盗用他人身份信息、损害他人信用记录的行为	3	185	未经消费者授权，不得向第三方机构或个人提供消费者的姓名、证件类型及证件号码、电话号码、通信地址及其他敏感信息；未经消费者同意，不得以各种形式向其推送各类服务和产品信息；无违规查询个人信用信息、盗用他人身份信息、损害他人信用记录的行为	10	细化了“无违规查询个人信用信息”要求，突出强调了未经消费者授权、同意的要求，分值由 2.0 版本的 3 分调整为 10 分
188	业务办理过程中，在客户视线或监控录像范围内使用客户身份证件；使用身份证件的复印件的，提醒客户标注使用范围	5	186	业务办理过程中，在客户视线或监控录像范围内使用客户身份证件；使用身份证件的复印件的，提醒客户标注使用范围	5	标准不变

183 在网点自属管辖范围内，采取相应措施，保障消费者的人身和财产安全。（5 分）

检查方式：现场观察、检查相关记录、现场测试员工。

指标变化：标准不变，分值由 2.0 版本的 2 分调整为 5 分。

重点关注：

- 网点对于消费者人身和财产安全的保护在区域上包括“网点内”和“网点外”，在内容上包括“财产安全”和“人身安全”。
- 网点内的注意要点如下：在客户行动路线上的各种物品摆放位置和方式（例如楼梯上摆放花盆、高处置物等）；容易引发客户意外伤害的各类物品（例如有棱角的物件、消防箱盖、电源插座等）。针对上述不安全因素，网点可采用一些小方法来应对，例如用软海绵将棱角处包裹、将日常不用的插座用安全插扣封住，等等。
- 网点外的注意要点如下：门外有台阶的网点要对客户进行有效提醒；门口机动、非机动车较多的网点应提醒客户注意避让；如遇下雨天要及时清扫门外坡道、台阶上的积水；如遇下雪天要及时清扫门外坡道、台阶上的积雪或铺上草垫，以确保客户的人身安全。
- 在网点内外都要注意维护客户的财产安全，对于大额提现的客户，一方面要注意保护客户隐私，另外也要做好客户提示工作，提升其自身安全意识与行为；可请安保人员配合将客户送至网点外面（车上）。

图片参考：

184 贯彻落实客户信息保护内控制度，妥善保管客户资料，尊重客户隐私权；除有权机关要求按照法律法规规定的程序提供客户信息外，不得擅自对外提供客户信息相关的任何资料。（5 分）

检查方式：现场观察、检查相关记录、现场测试员工。

指标变化：指标变化：将“建立客户信息保护内控制度”调整为“贯彻落实客户信息保护内控制度”，“有关部门”调整为“有权机关”。

重点关注：

- 消费者信息安全权：金融机构应当采取有效措施加强对第三方合作机构管理，明确双方权利义务关系，严格防控消费者信息泄露风险，保障消费者信息安全。
- 2011 年人民银行发布了《关于银行业金融机构做好个人金融信息保护工作的通知》银发〔2011〕17 号文。
- 各行应根据相关法律法规和监管机构的要求，拟定相应的《银行业消费者个人金融信息管理办法》，应纳入监管的消费者个人信息包括但不限于：个人身份信息、个人财产信息、个人信用信息、个人金融交易信息、在于消费者建立业务关系过程中获取、保存的其他个人信息、衍生信息（例如个人消费习惯、投资意愿和习惯、原始信息分析处理后的个人特征信息等）。
- 各网点应根据总、分行的《客户信息保护管理办法》，制定相应的实施细则。对消费者个人信息的查阅应制定严格的管理办法，尤其对电子信息的提取（调阅）更应实行“双人会同”，并建立调阅记录簿作为永久保存的档案。

图片参考：

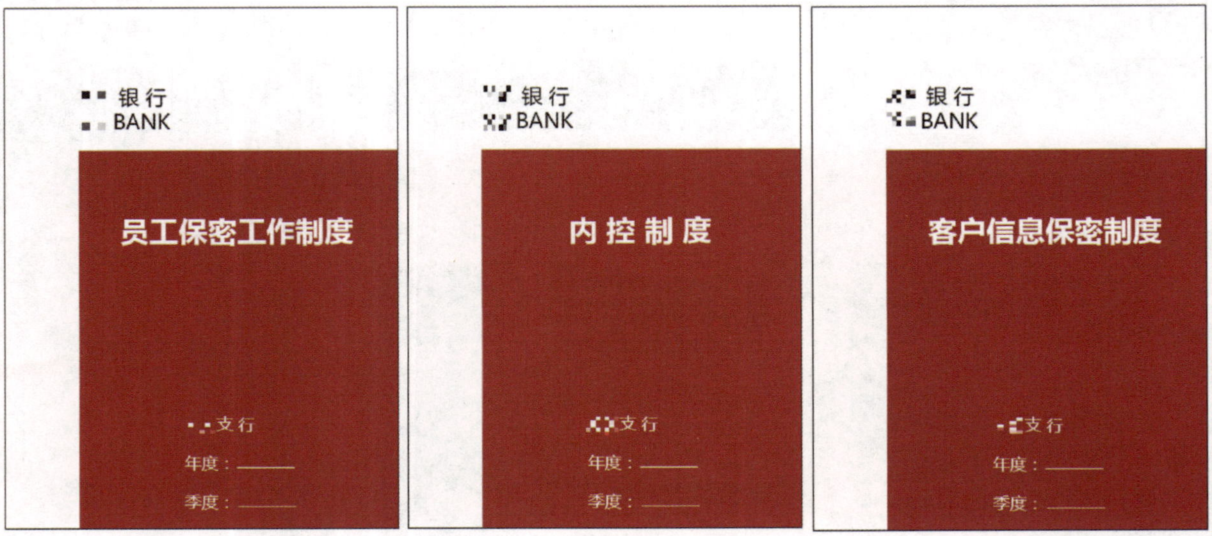

185 未经消费者授权，不得向第三方机构或个人提供消费者的姓名、证件类型及证件号码、电话号码、通信地址及其他敏感信息；未经消费者同意，不得以各种形式向其推送各类服务和产品信息；无违规查询个人信用信息、盗用他人身份信息、损害他人信用记录的行为。（10 分）

检查方式：现场观察、检查相关记录、现场测试员工。

指标变化：细化了“无违规查询个人信用信息”要求，突出强调了未经消费者授权、同意的要求，分值由 2.0 版本的 3 分调整为 10 分。

重点关注：

- 未经客户授权，不得将客户的各类信息提供给第三方机构或个人。尤其是行员或其他同事前来询问相关客户信息时，未经客户授权，亦不能直接提供。
- 未经消费者同意，不得以各种形式向其推送各类服务和产品信息，通过手机推送的各类产品和服务信息应用退订功能设置。
- 网点无违规查询个人信用信息、盗用他人身份信息、损害他人信用记录的行为发生。
- 中国人民银行出台的《关于加强支付结算管理防范电信网络新型违法犯罪有关事项的通知》。自 2017 年 1 月 1 日起，银行和支付机构对经设区的市级及以上公安机关认定的出租、出借、出售、购买银行账户（含银行卡，下同）或支付账户的单位和个人，组织购买、出租、出借、出售银行账户或支付账户的单位和个人，假冒他人身份或者虚构代理关系开立银行账户或支付账户的单位和个人，5 年内停止其银行账户非柜面业务、支付账户所有业务，3 年内不得为其新开立账户。同时，人民银行还将上述单位和个人信息移送金融信用信息基础数据库并向社会公布。

图片参考：

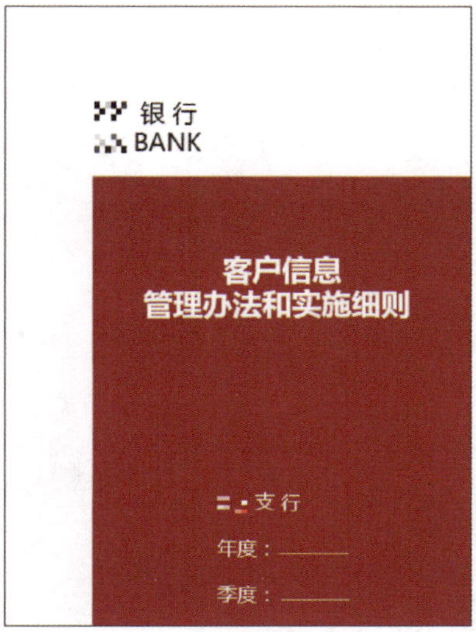

186 业务办理过程中，在客户视线或监控录像范围内使用客户身份证件；使用身份证件的复印件的，提醒客户标注使用范围。（5 分）

检查方式：现场观察、检查相关记录、现场测试员工。

指标变化：标准不变。

重点关注：

- 请员工熟悉监管机构与本行关于消费者信息安全保护的相关文件和规则，尤其是对于客户身份证复印件的处理步骤和话术，请将相关要求落实到实际工作中。
- 员工可在复印件旁常备“仅供_____业务使用”章，以确保无遗漏、无遗忘。同时，对于客户相关信息的复印、拍摄及留存工作，应全程处于客户视线范围或监控录像范围之内。

图片参考：

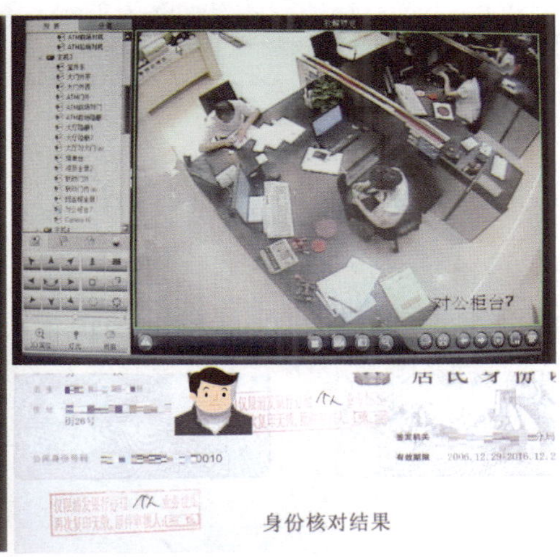

9.3 // 公众教育

3.0 版与 2.0 版对比明细

序号	2.0 版考核内容	分值	序号	3.0 版考核内容	分值	对比
项目：9.3 公众教育		15	项目：9.3 公众教育		15	
189	建立健全公众教育服务长效机制，对本单位公众教育工作进行统筹规划，明确工作目标及职能分工	3				此条删除
			187	明确本网点公众教育工作计划及目标，并纳入本单位年度工作计划	5	新增
190	宣传银行卡、电子银行等产品和服务的注意事项，提示银行理财、外汇等常见投资品风险防范须知，宣介银行产品和服务项目，推广无障碍服务设施，介绍投诉渠道、方法和流程，持续提高消费者识别和防范金融风险的能力	4	188	宣传金融知识，提示银行理财、外汇等常见投资品风险防范须知，持续提高消费者识别和防范金融风险的能力	4	删除了重复出现的要求“宣传银行卡、电子银行等产品和服务的注意事项”“宣介银行产品和服务项目，推广无障碍服务设施，介绍投诉渠道、方法和流程”
191	在公众教育区，配备充足数量的公众教育、金融知识普及读物	5	189	配备充足数量的消费者权益保护、金融知识普及等读物，或提供电子化获取渠道	3	放宽要求，删除了“在公众教育区”，增加了“或提供电子化获取渠道”，分值由 2.0 版的 5 分调整为 3 分
192	积极与相关部门合作，开展形式多样的公众教育活动，并针对不同目标群体，通过不同宣教渠道有针对性地制定活动方案	3	190	开展形式多样的公众教育活动，提升宣传教育的时效性，增强广大消费者识别非法金融业务、非法金融活动和防范不法侵害的能力	3	删除了“积极与相关部门合作”和“针对不同目标群体，通过不同宣教渠道有针对性地制定活动方案”内容，增加“提升宣传教育的时效性，增强广大消费者识别非法金融业务、非法金融活动和防范不法侵害的能力”要求

187 明确本网点公众教育工作计划及目标，并纳入本单位年度工作计划。（5分）

检查方式：检查相关记录 。

指标变化：新增，分值为 5 分。

重点关注：

• 网点应在年度工作计划中，纳入本网点年度公众教育工作计划及目标，同时要考虑计划及目标的可行性，确保实际执行时的可操作性。

• 公众教育工作计划的制定，请把握以下几点：

（1）坚持公益性：要站在公共服务行业责任担当的角度，认识到公众教育是金融企业必须履行的社会职责，主动地、无偿地面向社会公众提供教育服务。

（2）坚持实效性：公众教育活动要避免片面追求活动规模，忽视工作效果，提倡坚持以低碳、环保的方式开展各类公众教育活动，注重活动的针对性，力争活动取得实效。

（3）注重持续性：可采用丰富多样的公众教育形式，例如，社区活动、知识竞赛、专项普及月、特色专题、特定人群普及、合作伙伴共建，等等。

（4）结合岗位实务：网点应将公众教育工作有效融入业务发展和经营管理的各个环节，将公众教育工作常态化、实务化。相关业务和经营环节包括但不限于以下方面：产品研发、宣传品定制、客户营销环节、产品签约环节、售后环节，等等。

图片参考：

188 宣传金融知识，提示银行理财、外汇等常见投资品风险防范须知，持续提高消费者识别和防范金融风险的能力。（4分）

检查方式：检查相关记录。

指标变化：删除了重复出现的要求“宣传银行卡、电子银行等产品和服务的注意事项”“宣介银行产品和服务项目，推广无障碍服务设施，介绍投诉渠道、方法和流程”。

重点关注：

• 网点对于日常金融知识的普及宣传，也是提高消费者识别和防范金融风险的重要途径和手段。

需在各柜台摆放风格统一的、相应的风险提示标识，以引起客户的关注。

- 根据不同阶段要开展不同业务知识的普及宣传，要将厅堂宣传、社区宣传有机结合，要将日常宣传、专项宣传有机结合，不流于形式，确保宣传效果。

图片参考：

189 配备充足数量的消费者权益保护、金融知识普及等读物，或提供电子化获取渠道。（3 分）

检查方式：现场观察。

指标变化：放宽要求，删除了“在公众教育区”的表述，增加了“或提供电子化获取渠道”，分值由 2.0 版本的 5 分调整为 3 分。

重点关注：

- 网点要配备数量充足的消费者权益保护、金融知识普及等读物。在公众教育区（消费者权益保护宣传教育区），根据监管机构的要求，只能摆放消保和金融知识普及类读物，不要摆放各类业务（产品）的宣传折页，以确保消保工作宣传付诸实效。有条件的网点也可配备电子化设备进行消保和金融知识普及宣传。
- 根据近几年消费者权益保护的热点要素，网点可呈现的消费者权益保护相关内容包括但不限于以下方面，仅供参考：

（1）介绍国家金融政策法规，提高社会公众合法合规意识。

（2）消费者权益保护法律法规，促进社会公众正确认识自身权利义务。

（3）宣介基本金融知识，提高社会公众金融素质。

（4）宣传银行卡、电子银行等常用银行产品和服务使用注意事项，引导社会公众正确使用银行产品和服务。

（5）提示银行理财、外汇、贵金属、基金、保险、信托等常见投资品风险防范须知，提高社会公众风险意识，倡导理性投资。

（6）加强个人征信重要性的宣传，讲授如何解读个人征信报告，引导社会公众科学合理使用贷款和信用卡等信用工具，珍视个人信用。

（7）宣介银行产品和服务收费政策，促进银行收费透明化 。

（8）介绍常见金融诈骗、非法集资手段和特点，提高社会公众风险防范意识。

（9）宣讲假币和伪造商业票据的识别方法，避免社会公众财产损失。

（10）推广银行无障碍设施设备和服务政策，提高特殊群体使用银行服务的程度。

（11）宣介消费者投诉维权的渠道、方法和流程，引导社会公众依法、合规、理性维权。

（12）互联网金融安全知识、案件分析、防范措施等。

图片参考：

190 开展形式多样的公众教育活动，提升宣传教育的时效性，增强广大消费者识别非法金融业务、非法金融活动和防范不法侵害的能力。（3分）

检查方式：检查相关记录。

指标变化：删除了“积极与相关部门合作”和“针对不同目标群体，通过不同宣教渠道有针对性制定活动方案”内容，调整为“提升宣传教育的时效性，增强广大消费者识别非法金融业务、非法金融活动和防范不法侵害的能力”。

重点关注：

- 公众教育活动的形式可根据网点自身条件和资源，呈现丰富多样的内容，以下形式可供参考：

（1）基于网点开展现场宣传：如利用显示屏、PAD、自助设备等媒体播放宣传内容；设立服务台、宣传园地，张贴宣传海报，发放宣传材料，安排人员提供现场咨询讲解等。

（2）基于物理网点，针对特定目标人群举办专题教育讲座或培训。

（3）深入相关社区、机构设立宣教点、金融服务站等形式开展有针对性的集中式公众教育活动。

（4）借助各类新兴电子渠道开展宣传，如在网站开辟公众教育专栏或园地，通过手机银行、微信银行、短信银行、官方微博等渠道推送金融产品小贴士等，扩大受众范围；再如，网点可请员工用手机拍摄日常工作生活中可识别的非法金融业务、非法金融活动以及诈骗短信等内容，通过制作视频程序、图册或者 APP 等方式，向客户进行消保宣传。

（5）利用主流传播渠道，如在报纸、期刊、杂志、第三方网站上刊登金融知识宣传教育文章，组织金融知识有奖问答和竞猜活动等。

（6）将产品推介会、客户沙龙等营销活动作为开展公众教育活动的重要平台。

（7）与监管部门、银行业协会、高校及其他金融机构等部门合作开展活动，扩大宣传覆盖范围和影响力。

（8）对于不同客户群体的公众教育活动进行分级、分层，用最适合的方式匹配最受益的人群。例如，微博微信等渠道的创新类活动就更加适合年轻人，而网点现场讲解、案件分享则更加适合老年人群体。

图片参考：

9.4 // 社会责任履行

3.0 版与 2.0 版对比明细

序号	2.0 版考核内容	分值	序号	3.0 版考核内容	分值	对比
项目：9.4 社会责任履行		20	项目：9.4 社会责任履行		20	
			191	以网点所能承受的资源配给，为公共服务事业提供便利和公益服务	2	新增
193	落实国家产业政策，积极支持绿色信贷、节能环保、小微企业、涉农项目、科技创新型企业、养老金发放、个人助业、个人助学、保障性住房、消费贷款等至少两类项目	5	192	落实国家产业政策，积极支持绿色信贷、节能环保、小微企业、涉农项目、科技创新型企业、养老金发放、个人助业、个人助学、保障性住房、消费贷款、地区扶贫等至少两类项目	5	增加可选项“地区扶贫”
194	积极支持环境保护事业，以绿色运营的实际行动降低自身对环境资源的影响，通过开辟专栏等不同形式，宣传低碳、环保、节能等生活常识	5	193	积极支持环境保护事业，以绿色运营的实际行动降低自身对环境资源的影响，通过开辟专栏等不同形式，宣传低碳、环保、节能等生活常识	3	标准不变，分值由 2.0 版本的 5 分调整为 3 分
195	积极支持公益、慈善事业，组织开展扶贫帮困、助老助残、助学支教、无偿献血、送温暖工程等至少一类相关公益活动，并采取不同形式开展社会志愿者服务活动	5	194	积极支持公益、慈善事业，组织开展扶贫帮困、社会志愿者服务、助老助残、助学支教、无偿献血、送温暖工程等至少一类相关公益活动	5	增加了“社会志愿者服务”选项
196	发生特大灾害事件，开辟赈灾绿色通道，优先办理救灾相关业务，按有关监管规定，全力保障救灾资金汇拨、现金提取、救灾信贷等各项金融服务需求	5	195	发生特大灾害事件，开辟赈灾绿色通道，优先办理救灾相关业务，按有关监管规定，全力保障救灾资金汇拨、现金提取、救灾信贷等各项金融服务需求	5	标准不变

191 以网点所能承受的资源配给，为公共服务事业提供便利和公益服务。（2分）

检查方式：现场观察、检查相关记录或材料。

指标变化：新增，分值为 2 分。

重点关注：

- 网点在注重自身发展的同时，也要积极投身服务于社会公共事业和公益服务。近年以来，银行业越来越注重自身社会责任和公益服务相关工作。银监会于 2007 年发布了《关于加强银行业金融机构社会责任的意见》，随后，银行业协会于 2009 年发布了《中国银行业金融机构企业社会责任指引》，均对银行的社会责任作了明确的要求和指引。
- 各网点可根据自身实际情况，为环卫工人、交警、志愿者等提供休息区域和免费的饮水等服务。

图片参考：

案例分享：

获得诺贝尔和平奖的银行项目

30 多年前，来自孟加拉国的穆罕默德·尤努斯教授看到孟加拉底层赤贫村民受高利贷商人的盘剥而大为震动，把 27 美元借给 42 名赤贫的农村妇女，不久由他主导建立起孟加拉乡村银行。经过三十余年的发展，如今已形成一个有 1200 个分行、遍及 6 万多个村庄的银行系统，惠及 400 多万孟加拉农村的贫困人口，使孟加拉大量的穷人脱离贫困。目前，全世界有 23 个国家仿效格莱珉银行模式建立了自己的农村信贷体系，为农民脱贫致富提供了一个有效的金融渠道。2006 年，穆罕默德·尤努斯教授以其在孟加拉创立的世界上第一家乡村银行——格莱珉银行获得诺贝尔和平奖。

192 落实国家产业政策，积极支持绿色信贷、节能环保、小微企业、涉农项目、科技创新型企业、养老金发放、个人助业、个人助学、保障性住房、消费贷款、地区扶贫等至少两类项目。（5分）

检查方式：现场观察、检查相关记录或材料。

指标变化：增加可选项“地区扶贫”。

重点关注：

- 网点可根据总、分行落实产业政策、支持绿色信贷、节能环保、小微企业、涉农项目、科技创新型企业、养老金发放、个人助业、个人助学、保障性住房、消费贷款、地区扶贫等项目的相关制度办法，制定相应的服务方案。此类项目一般都会由分行层面集中开展，网点只要做好相应的配套服务措施即可。

193 积极支持环境保护事业，以绿色运营的实际行动降低自身对环境资源的影响，通过开辟专栏等不同形式，宣传低碳、环保、节能等生活常识。（3分）

检查方式：现场观察。

指标变化：标准不变，分值由2.0版本的5分调整为3分。

重点关注：

- 在网点管理中，可采用以下措施提高网点的“绿色运营”能力。

（1）固定空调温度：将空调温度恒定设定在26℃，下班或无人办公时随手关闭空调，并在开关上方贴上温馨提示。

（2）适当降低室内照明度以减少光污染。

（3）通过无纸化办公减少纸张的浪费，参评百佳、千佳和星级评选的网点实现服务档案无纸化管理。

（4）计算机、复印机、打印机等办公电子设备尽量设为“自动休眠”模式，使其在短时不使用时进入“睡眠”状态，将大幅度减少能耗。

（5）使用节水洁具，定期检查龙头和水管是否破损。

（6）减少洗涤剂和纸张（包括面巾纸、复印纸等）的使用，洗涤剂会对地表水体造成非常大的污染。

图片参考：

194 积极支持公益、慈善事业，组织开展扶贫帮困、社会志愿者服务、助老助残、助学支教、无偿献血、送温暖工程等至少一类相关公益活动。（5分）

检查方式：现场观察，检查相关记录或材料。

指标变化：增加了可选项“社会志愿者服务”。

重点关注：

- 网点要根据《中国银行业公益慈善自律约定》，从金融服务、抗灾重建、定点扶贫、助老助残、环境保护、送温暖、志愿者等方面入手，组织开展相应的活动，对各项活动的开展，及时做好记录、总结，并保存相关资料。

图片参考：

195 发生特大灾害事件，开辟赈灾绿色通道，优先办理救灾相关业务，按有关监管规定，全力保障救灾资金汇拨、现金提取、救灾信贷等各项金融服务需求。（5分）

检查方式：现场观察、检查相关记录或材料。

指标变化：标准不变。

重点关注：

- 2013年，中国银行业协会面向全行业发布了《中国银行业公益慈善自律约定》，该发文从信息披露，到慈善捐赠管理的原则、程序、内容、方式、管理机制等各方面对银行业金融机构开展公益慈善活动进行了规范。

图片参考：

案例分享：

在发生重大自然灾害时，银行都会启动“绿色结算通道”制度，具体措施包括：

（1）免收各类赈灾汇款资金的结算费用。各行营业柜台在受理客户赈灾捐款业务时，无论金额大小、无论通过何种汇划路径，一律免收结算费用（含电子汇划费、邮电费和手续费等）。

（2）加快资金到账速度，无论金额大小，均选择大额支付系统作为赈灾汇款的主要结算渠道。在大额支付系统关闭后受理的赈灾汇款业务，以资金最快到达赈灾账户为原则，结合当地分行的实际情况，选择最佳汇路。

（3）在营业柜台为赈灾捐款客户建立贵宾服务通道，最大限度地减少赈灾汇款客户的排队等候时间。

（4）提高银行内部处理效率和质量，同时加强风险防范，认真核实捐款指定专用账户的真实性和准确性，确保资金安全、准确、快速地汇入赈灾账户。

（5）外币赈灾汇款业务参照上述规定执行，汇款费用一律免收，汇款路径选择以最快到达汇入赈灾账户为原则。

第十模块

服务文化

DI SHI MO KUAI

3.0 版与 2.0 版对比总图

2.0 版本考核内容	分值	3.0 版本考核内容	分值	对比
第十模块：服务文化培育	40	第十模块：服务文化	50	分值由 2.0 版本的 40 分调整为 50 分

核心要点解读

服务文化模块的总分值由 2.0 版本的 40 分，调整为 3.0 版本的 50 分，增加了 10 分。

3.0 版本新增了基层党组织引领下的网点服务文化建设要求。银行业是经营货币的特殊企业，银行自身的稳健和发展与社会经济发展息息相关，在新形势下，作为引领银行各项工作的基层党建工作更是突显重要。

建议各行可通过以下几个方面促进网点基层党建与服务文化的融合工作：

（1）建立健全党建工作机制，有条件的网点可开设党员活动室，在其中加入服务文化相关的内容。

（2）注重党员培养，打造党员服务标杆。

（3）注重党建工作创新，与银行服务文化紧密融合，以党建促行建。

3.0 版与 2.0 版对比明细

序号	2.0 版考核内容	分值	序号	3.0 版考核内容	分值	对比
第十模块：服务文化培育		40	第十模块：服务文化		50	分值由 2.0 版本的 40 分调整为 50 分
			196	充分发挥基层党组织、党员的引领作用，大力培育符合本行实际的服务文化	10	新增
197	大力培育符合本行实际的服务文化，形成统一的具有自身特色的服务理念，员工熟知、自觉践行并向客户宣导本行服务理念	10	197	员工熟知、自觉践行并向客户宣导本行服务理念，探索并形成个性化、特色化服务	10	对 2.0 版本语言进行提炼，将“大力培育符合本行实际的服务文化，形成统一的具有自身特色的服务理念”提炼为“探索并形成个性化、特色化服务”
198	按照上级行要求制定本单位服务文化工作方案，并纳入本单位年度工作计划；开展丰富多彩的服务文化主题活动，以及年度评优和表彰活动，树立先进服务典型，传播先进服务事迹	10	198	按照上级行要求制定本单位服务文化工作方案，并纳入本单位年度工作计划；开展丰富多彩的服务文化主题活动，以及年度评优和表彰活动，树立先进服务典型，传播先进服务事迹	10	标准不变
199	在网点内部办公或员工休息区域设置服务文化墙，宣传本行服务文化理念、优秀员工、主题活动、客户留言、员工心声等内容，营造良好的服务文化氛围	10	199	在网点设置服务文化墙，宣传本行服务文化理念、优秀员工、主题活动、员工心声等内容，营造良好的服务文化氛围	10	删除了对服务文化墙的设置地点限制和“客户留言”内容
200	积极开展服务文化活动，创新活动方式及内容，定期对服务文化培育情况进行总结和提炼，向上级行提出服务文化创新建议，做好服务文化传承工作	10	200	做好服务文化传承，积极开展服务创新实践活动，定期总结服务经验，向上级行提出服务改进建议	10	将“向上级行提出服务文化创新建议”改为“向上级行提出服务改进建议”，增加“做好服务文化传承”要求

196 充分发挥基层党组织、党员的引领作用，大力培育符合本行实际的服务文化。（10 分）

检查方式：现场观察、检查相关制度和记录、现场测试员工。

指标变化：新增，分值为 10 分。

重点关注：

- 网点应根据自身业务特点，开展基层组织的党建活动，发挥党员的先锋模范作用，定期召开支部会议，开展党员组织生活及各项帮扶活动，并保存相关资料、照片和视频等。
- 对于参评百佳、千佳和星级的网点，党员人数配比不宜过低，要有明确的组织架构及分工。

图片参考：

197 员工熟知、自觉践行并向客户宣导本行服务理念，探索并形成个性化、特色化服务。（10 分）

检查方式：现场观察、检查相关制度和记录、现场测试员工。

指标变化：对 2.0 版本语言进行提炼，将“大力培育符合本行实际的服务文化，形成统一的具有自身特色的服务理念”提炼为“探索并形成个性化、特色化服务”。

重点关注：

- 网点员工要熟知本行的服务理念，且要将服务理念体现在日常工作中。

- 网点员工应对本网点服务文化特色有深入了解，知晓网点服务主题、近一年的服务文化主题相关活动、相关设施设备的陈设、相关宣传内容的陈列位置等。
- 网点应根据自身的地理位置、客群特点和业务特色，寻找能够呈现自身优势和特点的服务文化主题。并结合网点内部的软装陈设将服务特色进行突出表达，逐步形成个性化、特色化的服务。

图片参考：

198 按照上级行要求制定本单位服务文化工作方案，并纳入本单位年度工作计划；开展丰富多彩的服务文化主题活动，以及年度评优和表彰活动，树立先进服务典型，传播先进服务事迹。（10分）

检查方式：现场观察、检查相关制度和记录、现场测试员工。

指标变化：标准不变。

重点关注：

- 网点可根据总、分行的服务文化工作方案，制定本网点的服务文化方案并纳入网点的年度工作计划中，不定期开展各类服务文化主题活动，年度服务评优和表彰活动等，并保存活动的相关记录、照片和视频。

图片参考：

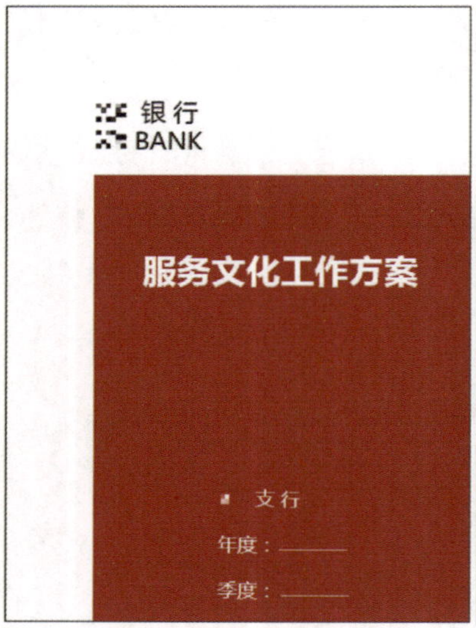

199 在网点设置服务文化墙，宣传本行服务文化理念、优秀员工、主题活动、员工心声等内容，营造良好的服务文化氛围。（10 分）

检查方式：现场观察、检查相关记录和材料。

指标变化：删除了对“服务文化墙的设置地点限制”和“客户留言”内容。

重点关注：

- 根据网点实际情况，在厅堂或内部区域设置各类服务文化墙，展现形式可呈现多样化，例如上墙宣传栏，悬挂电子屏显示器等方式。要鼓励网点员工参与设计、布置等工作，提升员工的主人翁意识，发挥其积极性、创造性，强化员工的荣誉感、集体感。

图片参考：

200 做好服务文化传承，积极开展服务创新实践活动，定期总结服务经验，向上级行提出服务改进建议。（10分）

检查方式：现场观察、检查相关记录和材料。

指标变化：将“向上级行提出服务文化创新建议”调整为“向上级行提出服务改进建议”。

重点关注：

- 网点要用丰富多彩的激励方式，鼓励员工不断创新，包括服务方式的创新、服务理念的创新、服务传承的创新等。
- 网点可根据业务特点和服务流程，总结服务经验，针对服务上出现的问题，向上级行提出服务改进意见，并保存相关资料。

图片参考：

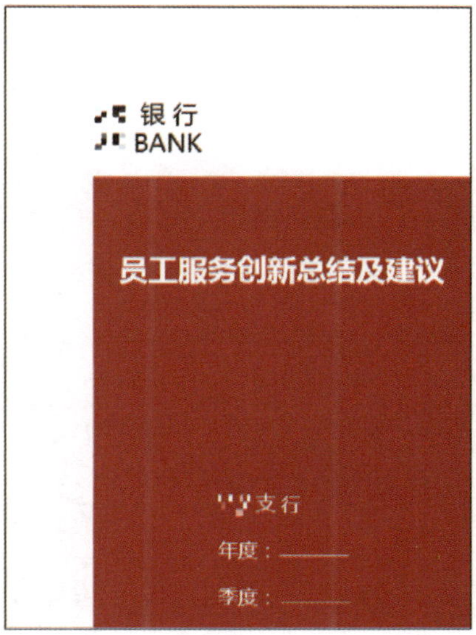

服务

提升服务
只有起点
没有终点

图书在版编目（CIP）数据

中国银行业营业网点文明规范服务评价指标体系：CBSS1000 3.0 / 姜明，陈舒婷，李杨主编．—青岛：中国海洋大学出版社，2018.12

ISBN 978-7-5670-1859-4

Ⅰ．①中… Ⅱ．①姜… ②陈… Ⅲ．①银行业—商业服务—规范—评价指标—中国 Ⅳ．① F832.1-65

中国版本图书馆 CIP 数据核字（2019）第 010370 号

出版发行 中国海洋大学出版社
社　　址 青岛市香港东路 23 号　　邮政编码　266071
出 版 人 杨立敏
网　　址 http://www.ouc-press.com
电子信箱 zhengxuejiao@ouc-press.com
订购电话 0532-82032573（传真）
责任编辑 郑雪姣　　电　话　0532-85901092
装帧设计 青岛艺非凡文化传播有限公司
印　　制 青岛海蓝印刷有限责任公司
版　　次 2019 年 2 月第 1 版
印　　次 2019 年 2 月第 1 版印刷
成品尺寸 210mm × 285mm
印　　张 15
字　　数 295 千
印　　数 1—2000
定　　价 90.00 元

发现印装质量问题，请致电 13335059885，由印刷厂负责调换。